AF500115

MÉMOIRES

D'UN

PRÊTRE

5

PARIS
PÉTION, LIBRAIRE-ÉDITEUR
DE EUGÈNE SUE, ALEXANDRE DUMAS, CHARLES DE BERNARD, ETC.,
11, rue du Jardinet.

1847

MÉMOIRES D'UN PRÊTRE.

En Vente

Le Gentilhomme campagnard

Par Charles de Bernard.

MARTIN, L'ENFANT TROUVÉ

Par Eugène Sue.

LA REINE MARGOT

(Nouvelle édition), Par A. Dumas.

DERRIÈRE LE GRAND MAT

VIE MARITIME DU JOUR,

Par Ed. Pujol, lieutenant de vaisseau, auteur d'*Entre deux Lames*.

LES EXILÉS, Par madame Louise Colet.

ÉGLANTINE, Par madame Junot d'Abrantès.

LA RUE QUINCAMPOIX

Par Adrien Paul.

COMME ON AIME UNE FEMME

Par le même.

Sous Presse :

LE VICOMTE DE BRAGELONNE

OU

DIX ANS PLUS TARD.

Complément des TROIS MOUSQUETAIRES et de VINGT-ANS APRÈS.

Par Alexandre Dumas.

LE VEAU D'OR

Par Charles de Bernard (entièrement inédit.)

SCEAUX. — IMPR. DE E. DÉPÉE.

MÉMOIRES

D'UN

PRÊTRE

4

PARIS
PÉTION, LIBRAIRE-ÉDITEUR
DE EUGÈNE SUE, ALEXANDRE DUMAS, CHARLES DE BERNARD, ETC.,
11, rue du Jardinet.

1847

I

J'avais plus que jamais lieu de me croire à l'abri de toutes les tracasseries, et il ne me restait qu'à attendre patiemment le retour de madame de D.... Maurice, que je continuais de voir, m'avait fait part des projets de mariage de sa famille, projets qui avaient son assentiment. Quelques jours après, il m'offrit de l'accompagner au château de la marquise, où il allait chercher sa tante et sa mère.

La proposition m'était trop agréable pour

que je songeasse à refuser. Je fis donc mes préparatifs de départ, et je priai le prêtre attaché à la paroisse depuis le départ de l'abbé Napoule de me suppléer pendant quelques jours.

Ce nouveau confrère habitait aussi ma maison. Sa tenue était réservée, froide même. Cependant, je le trouvai d'un commerce supportable, mais il ne plut pas à Yvonne : elle veillait sur mon entourage avec la sollicitude et la vigilance d'une véritable mère.

Mon nouvel hôte occupait un appartement presque contigu au mien ; il l'avait choisi parce qu'il prenait jour sur la rue. Je transportai alors mon cabinet de travail dans l'une des pièces qu'avait habitées le jésuite Napoule. J'y retrouvai les meubles qu'y avait fait placer Yvonne : un secrétaire rond, une chaise et une petite bibliothèque. Quelques papiers déchirés étaient épars sur les rayons.

En jetant les yeux sur ces débris je fus amené

à penser que mon ex-collègue s'était livré avec bien de l'ardeur à l'étude des mathématiques, car ces papiers étaient couverts de chiffres : mais je m'étonnais de voir les chiffres alignés comme de l'écriture, sans que rien indiquât qu'ils eussent servi à faire des opérations d'arithmétique.

De plus, de distance en distance, une lettre de l'alphabet interrompait la série des chiffres.

Le secrétaire, que j'ouvris ensuite, était vide. Ce petit meuble me plut par sa commodité, et je voulus m'en servir ; il avait besoin de réparation : la tablette du fond s'était écartée comme si le bois eut joué. J'envoyai chercher un ouvrier; il examina le meuble : puis, se tournant vers moi :

— Connaissez-vous le moyen d'ouvrir ce secret? me demanda-t-il. Le ressort est forcé, voilà ce qui a fait écarter la tablette.

Il la souleva en effet avec un ciseau et j'aperçus un vide au-dessous. Je me gardai bien de dire à l'ouvrier que j'ignorais l'existence de cette cachette, et lorsque la tablette eût été enlevée, je trouvai, dans un tiroir secret recouvert d'une planche très mince, deux lettres dont je m'emparai sans avoir l'air d'y attacher grande importance.

Une fois seul, je pus lire ces lettres. La première avait été écrite par un affilié à la congrégation, qui devait occuper l'emploi de valet de chambre près d'un ministre ou de quelque haut dignitaire, car, en racontant les faits et gestes de son maître, il employait tour à tour la qualification de Monseigneur ou de son excellence. L'écriture était bonne, nette, le style vulgaire et plat. J'acquérais ainsi la preuve que les investigations de la compagnie de Jésus ne portaient pas seulement sur les basses et sur les moyennes classes de la société, mais que l'espionnage des bons pères pénétrait jusque dans l'intérieur des plus grands personnages, grâce aux délations des subalternes et des valets congréganistes.

La seconde lettre m'intéressa davantage, quoiqu'elle eût été écrite par une main inhabile et dictée par un esprit peu cultivé. Sur l'enveloppe se trouvaient ces mots écrits d'une magnifique écriture : « Transmise au père Napoule. X. » Le correspondant rendait compte des renseignements pris chez Rose et chez la mère d'un ouvrier nommé Mathieu. Il en résultait que « c'était contre son gré qu'un jeune ecclésias- « tique avait été entraîné chez la femme Da- « vid... La nuit passée chez Rose avait, au dire « de cette fille, été employée à laver les habits « tachés de sang. Depuis elle n'avait pas revu « l'ecclésiastique, et elle était dans la persua- « sion qu'il habitait les environs de Paris, etc. »

La date de cette lettre prouvait qu'elle avait été écrite la veille du jour où le jésuite avait tenté de me perdre de réputation chez la grand'-tante par un récit calomnieux. Il savait donc à ce moment-là mon innocence, et cependant il ne m'en avait pas moins odieusement accusé !...

Cette découverte m'enleva l'ombre même d'un remords.

Il me tardait d'aller trouver Maurice pour lui communiquer ma découverte ; aussi, lorsque je sortis, ne fis-je guère attention à une observation très grave d'Yvonne.

— Je ne sais pas quel métier fait notre abbé, me dit-elle, mais il m'a semblé qu'il perçait la cloison qui sépare son cabinet de votre chambre à coucher. Il faudrait y veiller.

— Eh bien ! prenez mes clés, répondis-je, avec distraction, et je sortis.

Maurice examina attentivement les lettres et les fragments de papier chiffrés que je lui mis sous les yeux. Après avoir passé un temps considérable à combiner les signes, nous fûmes obligés de renoncer à l'entreprise.

Nous ne trouvions que des mots sans suite.

— Laissez-moi ces papiers, me dit Maurice, je veux les soumettre à plus habile que nous. Ce maudit calcul m'a donné la migraine. Dînez avec moi, nous irons ce soir ensemble à l'Opéra.

— Y pensez-vous ? lui dis-je.

— J'y pense si bien que j'ai déjà songé à vous déguiser comme l'autre jour. Vous êtes peu connu à Paris, et nous ne serons que deux dans le secret... A propos, savez-vous que deux dames vous ont trouvé fort bien sous votre costume de cavalier, l'autre jour?

— Deux dames! repris-je en rougissant jusqu'au blanc des yeux; m'auriez-vous fait la trahison de me conduire au jardin pour me montrer à elles ?

— Non, non, répondit-il en riant, elles

étaient dans le cabinet de toilette pendant le récit de Lavareille, et c'est même l'une d'elles qui m'avait suggéré l'idée de vous habiller en homme du monde.

Je me trompais sans doute, mais je crus deviner qui elle était, et je tirai un favorable augure de ce désir de me voir dépouillé de ma robe disgracieuse. Sous l'empire de cette impression flatteuse, je me montrai accommodant, et je consentis à faire tout ce que me demandait mon jeune étourdi.

Après dîner, nous nous occupâmes de ma métamorphose. Nous étions sans témoins; les valets avaient été éloignés, et je sortis par la porte du jardin, pour aller attendre à quelque distance mon compagnon de folies. Lorsque je me trouvai seul, loin de revenir à la raison et de m'arrêter, je me sentis ravi de mon escapade. En montant en voiture pour l'Opéra, j'avais oublié que j'étais prêtre.

Jusque-là je n'avais vu d'autre spectacle que la représentation de la Passion, jouée par des enfants en Bretagne. On comprendra aisément la surprise et le désordre que cette nuit jeta dans mes idées et dans mes sens.

Mes yeux n'avaient jamais parcouru d'assemblées nombreuses que dans les églises ou sur les places publiques, où j'avais prêché quelquefois durant les missions. Mais là tout était calme et recueilli; ici, au contraire, mes regards furent éblouis par la parure des femmes placées dans les loges en face de celle que j'occupais seul avec Maurice. Le mouvement, la variété et l'agitation des galeries et du parterre me donnaient le vertige. En voyant les lunettes braquées sur nous, j'éprouvai un invincible sentiment de timidité, et je me retirai au fond de la loge comme si chacun m'eût deviné. La tête me tournait; mes idées et mes sensations se succédaient dans une étrange confusion.

Mais quand mes oreilles furent frappées par les sons qui partaient de l'orchestre, mon être tout entier devint attentif; j'écoutais dans le recueillement de mon âme ces mélodies, ces accords qui m'étaient inconnus ; je les traduisais à mesure en une poésie divine dont mon cœur était pénétré. J'avais ignoré jusqu'à cette heure que j'étais merveilleusement organisé pour la musique. Hélas ! les chants monotones des cérémonies religieuses, les psalmodies lamentables des litanies, pouvaient-ils éveiller en moi le sens endormi de la céleste harmonie ?...

J'écoutais, les yeux fermés, lorsque trois coups frappés donnèrent le signal du lever de la toile. Ce fut une nouvelle surprise. Les décorations, les costumes, tout me charma. Il me semblait que des régions intellectuelles je descendais dans un monde matériel, mais enchanté. Je crus que le théâtre se déroulait à l'infini. Mon imagination s'exagérait trop les véritables proportions du spectacle pour que les acteurs ne me parussent pas bien petits et bien mesquins. Ils m'apparaissaient comme des atômes s'agitant dans l'espace; l'illusion me manquait. Je refermai les yeux et je recommençai à traduire les chants et la musique. La pièce était mon œuvre : je la créais dans ma tête.

Maurice, étonné de mon attitude, me tira de cette espèce d'extase pour m'expliquer l'action du drame et essayer de m'y intéresser.

— Ces hommes et ces femmes, lui dis-je, ne sauraient me faire oublier qu'ils ne sont que des acteurs. Laissez-moi jouir à ma manière.

Cependant, tout-à-coup, la voix d'un chanteur m'arracha à ma torpeur. Mon corps subit un ébranlement nerveux, et je devins tout yeux et tout oreilles. L'homme qui produisit sur moi cette impression profonde s'appelait Nourrit !

Le sens des paroles qu'il prononçait m'échappait, mais je comprenais admirablement son accent.

Mes yeux se remplirent de larmes, mon cœur battit avec force et je me sentis frissonner de la tête aux pieds.

— Ah ! me dit Maurice en déposant sa lorgnette, vous assistez enfin au spectacle.

Je posai ma main sur son bras :

— Silence ! lui répondis-je.

J'étais sur le devant de la loge. Lorsque le chant eut cessé je m'aperçus qu'on me regardait avec curiosité. Rouge de honte, je me rejetai en arrière : ces regards avaient flétri mon plaisir, si pur tout à l'heure, en me rappelant à la réalité.

J'assistai au reste du spectacle avec indifférence. Je ne sentais plus, je jugeais, et j'avoue mon peu de goût, le jeu des acteurs me satisfit médiocrement. Dans cette nouvelle disposition d'esprit, mes yeux se portèrent au hasard dans la salle et je remarquai bien vite que les spectateurs venaient là pour voir et pour être vus bien plutôt que pour entendre. Je fus surtout scandalisé de la mise des femmes et de l'indécente liberté avec laquelle elles entretenaient, sous les yeux du public, les hommes assis près d'elles. Durant les entr'actes, le murmure d'en bas, d'en haut, d'alentour m'assourdissait.

En résumé, je sortis tout à la fois enchanté et désillusionné, mécontent et ravi.

De retour chez moi, où Maurice eut la bonté de me reconduire, je me jetai tout habillé sur mon lit. Nous avions oublié l'un et l'autre mon déguisement, qui surprit singulièrement Yvonne. Pendant la nuit, la mélodie continua de chanter au dedans de moi ; mes lèvres murmuraient les airs que j'avais entendus...

Je me laissais encore bercer par ces harmonieux souvenirs, lorsque Yvonne vint me tirer de ma distraction en me remettant un petit billet assez négligemment plié.

C'était M. le préfet de police qui me priait de passer à son hôtel.

J'étais assez mal disposé à une entrevue de cette nature ; cependant, je voulus me débarrasser de cette corvée le plus tôt possible, et je me rendis à la préfecture.

Il m'attendait, ce préfet de police. Dans sa position, il ne devait avoir ni le langage ni le maintien d'un mortel ordinaire. Peste ! un préfet de police... Je n'ai jamais vu, du reste, un homme aussi grotesquement sérieux. A peine daigna-t-il répondre à mon salut. Le sentiment de ma dignité me commandait le silence, et j'attendis que cette majesté de circonstance se décidât à m'adresser la parole.

Enfin, il daigna m'interroger.

— Vous aviez un confrère, me dit-il, M. l'abbé Napoule ; vous était-il bien connu ?

— Si vous me faites cette question comme homme, répliquai-je, je la trouve étrange; si vous me l'adressez en qualité de préfet de police, je ne me crois pas obligé d'y répondre.

Ses sourcils se rapprochèrent, et je vis une ride énorme se creuser à la naissance du nez. Il garda quelques instants le silence, et m'examina de la tête aux pieds de l'air du monde le plus impertinent.

— Les questions que je vous adresse, reprit-il, sont plus importantes que vous ne le pensez. Veuillez y répondre.

— Je ne croyais pas que mes rapports avec un confrère pussent être soumis au contrôle de la police. Je tiens d'ailleurs si peu de place dans la société qu'elle ne devrait pas s'occuper de moi.

— Mais si la religion, si la morale ont besoin de votre déposition, la refuserez-vous?

— La religion n'a jamais été blessée, que je

sache, par mes relations avec M. l'abbé Napoule ; et, même dans ce cas, ce n'est pas à la police, mais à l'autorité ecclésiastique que j'en devrais rendre compte. La morale n'a pas plus souffert que la religion. Qu'ai-je donc à faire ici ?

— Vous ignorez, me demanda avec emphase le préfet, que votre collègue s'est trouvé mêlé à une aventure scandaleuse au dernier point ? vous oubliez que vous-même avez eu une affaire du même genre ? La police voit tout et sait tout, Monsieur l'abbé !...

Et il s'arrêta persuadé que j'allais courber la tête sous le coup.

— Parlons de moi d'abord, répondis-je. Puisque vous êtes si bien informé, Monsieur le préfet, on a dû vous dire comment les choses se sont passées, et je suppose que vous avez donné immédiatement des ordres pour qu'à l'avenir un honnête homme puisse circuler dans les rues de Paris à dix heures du soir sans être exposé à de mauvaises rencontres. Quant à mon confrère, ce qui le concerne m'est tout-à-fait étranger et je n'ai rien à y voir.

— Vous allez bien vite, Monsieur l'abbé ; cela vous touche peut-être beaucoup plus que vous ne semblez le supposer?

Il y avait dans le ton du préfet une certaine ironie.

— Je serais curieux de savoir comment, répondis-je sans me troubler.

— Un prêtre, qui n'était pas l'abbé Napoule, n'a-t-il pas fait redemander une lettre que ce dernier avait écrite le 15 de ce mois?

— Si j'avais à ma disposition des hommes payés par moi pour surveiller, et que ces agents fussent sincères et fidèles, je pourrais vous répondre... Mais vous savez que je ne reçois pas de rapports.

Il réfléchit un moment :

— Mais enfin, qu'avez-vous pensé de l'accident de votre collègue ?

— Je l'ai appris par les journaux, répondis-je, et j'ai pensé avec eux que M. l'abbé Napoule avait été victime d'une déplorable méprise.

— C'est réellement votre opinion ? me demanda le préfet d'un air qu'il voulait rendre candide.

— C'est mon opinion.

Un secrétaire que j'aperçus assis dans un coin semblait écrire mes réponses.

— Vous avez vu M. l'abbé Napoule avant son départ ?

— Non, Monsieur ; son départ a été si subit, que je n'en ai pas eu le temps.

Il consulta une lettre ouverte sur son bureau.

— Vous pouvez vous retirer, Monsieur l'abbé, me dit-il.

Je m'inclinai profondément et je sortis.

Je rentrai chez moi d'assez mauvaise humeur, et ce qu'Yvonne m'apprit acheva de m'irriter. En faisant la chambre de mon nouveau commensal, elle avait déplacé un grand cadre, et derrière elle avait remarqué une ouverture pratiquée dans la cloison qui me séparait de l'appartement de mon confrère.

M'avait-on envoyé encore un espion ?

Vers les quatre heures, j'allai chez Maurice. Il avait donné l'ordre de me prier de l'attendre. A son retour, je lui appris ce qui venait de se passer.

— Occupons-nous d'abord de nos chiffres, me dit-il, puis nous arriverons au préfet de police. J'ai trouvé quelqu'un qui a découvert la clé de la correspondance mystérieuse. Votre ex-confrère jouait un grand rôle. Il faut qu'on ait eu bien peur du scandale pour se décider à le déplacer si brusquement. J'ai fait remettre les papiers avec la traduction à l'appui à un homme d'état. Il paraît qu'on prépare un grand coup, et que les puissances étrangères seraient disposées à intervenir chez nous, les jésuites aidant, pour comprimer l'esprit public.

Il entra ensuite dans de longs détails que je supprime parce que aujourd'hui (1846) ils sont sans intérêt.

— Quant à votre entrevue avec le préfet, continua-t-il, c'est assez grave, car cela me prouve que nous avons maintenant deux polices à nos trousses, celle du gouvernement et celle des jésuites, qui n'est pas moins redoutable. J'ai été bien inspiré en donnant le change à Lavareille. Prenez garde à vous, mon cher abbé.

La recommandation était inutile.

Notre départ pour le château de la marquise était fixé au lendemain. Maurice me lut une lettre de sa mère. « Les deux familles étaient d'accord sur l'alliance projetée ; la grand'tante s'en montrait ravie, et ainsi s'évanouissaient toutes les craintes que lui avait suggérées son directeur de conscience au sujet de son petit-neveu. Cependant, il était utile de lui faire prendre quelques dispositions, parce que la faiblesse de son esprit et sa dévotion outrée pouvaient donner prise à de nouvelles tentatives de captation plus habilement conduites que les premières, etc. »

Les inquiétudes d'Yvonne étaient parfaitement fondées. Il n'y avait pas à en douter : l'ouverture découverte par ma gouvernante n'avait été pratiquée, en effet, que pour éclairer ma vie intime. Il était aisé de déjouer ce vil espionnage ; mais l'idée d'avoir encore près de moi un surveillant de cette espèce me tourmentait singulièrement.

Si les mesures de discipline dont les membres du clergé sont l'objet étaient prises après une enquête et l'audition des parties, ainsi que la justice la plus vulgaire semble l'exiger, on les redouterait moins; mais les choses ne se passent pas ainsi : on est frappé à l'improviste ; il faut obéir, et souvent la victime ignore même pour quelle faute on l'accuse et on la punit.

Je n'avais pas de position assurée, — il y en a peu dans le clergé. — Étranger au diocèse, avec la tache d'un *exeat* sur le front, je devais trouver peu de sympathies près de mes supérieurs, que je n'adulais pas. Je le sentais : le moindre souffle pouvait renverser mon existence précaire, et je n'avais pas le triste courage de l'étayer par des bassesses. Un vague pressentiment pesait sur mon cœur : j'étais comme ces insectes qui sentent à l'avance les changements qui se préparent dans l'atmosphère. Je voulus travailler ; mon esprit n'était pas libre. La lecture ne parvint pas à fixer mon attention ; j'éprouvais un malaise indicible, et, par une de ces bizarreries que peuvent seuls comprendre les êtres doués d'une organisation semblable à la mienne, la pensée de madame de D.... elle-même, cette pensée qui m'enivrait et me faisait tout oublier, n'eut pas le pouvoir en ce moment de m'arracher à ma douloureuse préoccupation.

Nous partîmes cependant Maurice et moi, pour le château de la marquise.

Le voyage ne fut pas gai. Mon jeune compagnon était tout sérieux à l'idée de mariage qu'il allait contracter, et moi je n'avais que trop de motifs d'être triste et inquiet. Enfin, nous arrivâmes.

On nous reçut avec une sorte d'empressement solennel tout-à-fait dans le goût de la marquise, fort éprise de l'éclat extérieur et de la représentation.

Je me montrai peu empressé près de madame

de D.... Peut-être était-ce tout simplement de la timidité ; mais il me semblait qu'un souffle glacial avait passé sur mon amour.

Elle ne s'attendait probablement pas à cette réserve, et elle m'en parut piquée.

Le premier jour de mon arrivée fut un jour de gêne pour moi. Le lendemain, je prétextai des visites dans le village voisin pour avoir la liberté de m'éloigner pendant quelques heures. Il n'y avait pas l'ombre d'un calcul dans ma conduite, et cependant j'agissais, sans m'en douter, comme un politique consommé. Je n'allais pas à madame de D..., c'était un sûr moyen de l'attirer vers moi.

Le soleil se couchait lorsque je revins par la longue avenue d'arbres qui conduisait au château. Madame de D..., un livre à la main, se promenait lentement dans une des allées latérales et ne semblait pas m'avoir aperçu. J'arrivai près d'elle un peu ému, je dois l'avouer, et je compris aux battements de mon cœur combien j'étais encore malade.

— Ah! c'est vous, Monsieur, me dit-elle en m'adressant une salutation gracieuse. Vous aviez laissé dans ce pays des affections bien vives, puisque dès le premier jour de votre arrivée, vous nous avez abandonnées. Savez-vous que ce n'est pas très galant?

Ces paroles, dites en souriant, furent accompagnées d'un de ces regards humides et veloutés qui m'enveloppaient d'un fluide magnétique et me pénétraient jusqu'à la moëlle des os. Je balbutiai quelques excuses, je ne sais lesquelles.

— Au fait, vous avez raison, reprit-elle : la liberté des champs appartient à tous, et c'est ici ou nulle part qu'il faut se laisser guider par les entraînements du cœur.

— Il est, répondis-je en articulant lentement, il est des hommes, Madame, auxquels il a été commandé de n'avoir jamais de liberté, jamais de cœur surtout. Pour eux, comme pour ceux qui peuvent lire dans leur âme, s'éloigner veut dire : je tremble et je crains.

— Vraiment ! et que craignez-vous donc? dit-elle en souriant. N'avez-vous pas habité longtemps le château en toute sécurité?

—Vous n'y étiez pas alors! murmurai-je bien bas, et je sentis le sang me monter au visage.

Elle me regarda. L'expression de mes traits témoignait de la sincérité de mon aveu. Je voyais bien qu'elle voulait répondre, mais elle cherchait ses mots, et nous gardions le silence tous les deux.

— Nous sommes fous, s'écria-t-elle en affectant de rire, de rester ainsi face à face sans parler. Voulez-vous me lire ce passage, que je commençais au moment où vous êtes arrivé?

En prenant le volume qu'elle me présentait,

je touchai le bout de ses doigts. Ce léger contact suffit à me troubler, et je ne distinguai plus qu'une suite de points noirs sur le blanc des pages.

— Il me serait impossible de lire maintenant; pardonnez-moi, madame...

— Mon Dieu ! me dit-elle comme vous pâlissez ! Asseyez-vous sur ce banc.

Je ne le voyais pas.

— Mais qu'avez-vous donc ? me demanda-t-elle avec une émotion qu'elle n'essayait plus à dissimuler.

Pour toute réponse, je mis la main sur mon cœur : il battait à me rompre la poitrine. Elle me saisit le bras.

— O madame, vous me rendez fou ! m'écriai-je en me jetant sur le banc.

— Mon Dieu ! mon Dieu ! répétait-elle à demi voix, que faire ? Mais calmez-vous...

Elle s'était assise à côté de moi : sa main se

posa sur mon front brûlant. Je n'oublierai jamais ce que j'éprouvai en ce moment. Il me sembla que toute ma vie se concentrait sur ce point. L'émotion fut tellement vive que je perdis un instant le sentiment de l'existence. Quand je revins à moi, ma tête était appuyée sur son sein, tandis qu'elle me faisait respirer les sels de son flacon. J'entendais battre son cœur...

— Ah! madame, lui dis-je, c'est maintenant que je voudrais mourir! et de mes yeux jaillit un torrent de larmes.

Une d'elles tomba sur sa main. En relevant la tête, je la vis attachée à considérer cette larme. Je tombai silencieusement à genoux et j'essuyai sa main avec mes lèvres.

— Je vous plains, me dit-elle avec une tendresse infinie : vous étiez digne d'un sort plus heureux.

Ces paroles me ramenèrent à l'affreuse réalité. Je jetai sur mes habits un regard d'épouvante et de désespoir, et je fis un mouvement pour m'éloigner.

— Pauvre cœur ! reprit-elle, en posant sa main sur mon épaule, que ne ferais-je pas pour le voir en paix ?

A ce moment, nous entendîmes les aboiements d'un chien.

— Levez-vous ! me dit-elle avec vivacité.

J'obéis et je marchai silencieusement à côté d'elle : nous retournions au château.

— Eh bien ! reprit-elle quelques instants après, comment vous trouvez-vous ?

— Je n'ose me présenter encore au salon, on lirait sur mon visage le désordre de mon âme. Oh ! j'ai honte de moi...

— Ne rougissez pas de votre cœur, soyez-en plutôt fier.

— Hélas ! madame, c'est lui qui est la cause

de mes tortures. Un prêtre ne doit pas être un homme...

— Prenez ce livre me dit-elle en évitant de me répondre, je rentre avant vous.

Elle était aussi troublée que moi, et nous ne savions guère ce que nous faisions. Elle s'éloigna à pas lents, et moi, debout, immobile, la suivant des yeux, je restais à la place où elle m'avait laissé...

Peu à peu la brise qui s'élevait au fond des bois, rafraîchit mon front. Mon cœur battait avec moins de violence et mon esprit reprenait quelqu'empire sur mes sensations.

En regagnant mon appartement, je m'estimai cependant bien heureux de ne pas rencontrer la marquise? son œil pénétrant m'eût deviné.

II

Après une émotion violente je tombe dans une sorte de torpeur. Je restai dans cet état d'anéantissement jusqu'à ce que la cloche du souper vînt m'avertir qu'il fallait descendre. Je ne pouvais me soustraire à cette nécessité; je m'armai de courage et je vins m'asseoir à la table commune.

Madame de D... était pâle, ses paupières rougies laissaient voir qu'elle avait pleuré. La marquise, aux petits soins près de la grand'-tante, n'y fit pas attention ou ne voulut pas s'en apercevoir. Maurice était exclusivement occupé de sa fiancée que le bon marquis contemplait avec tout l'orgueil paternel. Quant à moi j'avais l'avantage d'être le voisin du garnement présomptif, et ce délicieux sujet, profitant de ma distraction, me faisait mille niches, au grand amusement des laquais.

Quoique je ne songeasse pas à manger, le dîner me parut trop court : Madame de D.... me regardait.

Quand nous passâmes au salon, elle me dit presque à l'oreille :

— Si vous me promettez d'être plus calme, je causerai avec vous.

Je la remerciai dans mon cœur et nous allâmes nous asseoir dans un coin sans remarquer le méchant drôle qui nous suivait en soutenant la queue de ma soutane.

— Saint-Jean, dit la marquise d'une voix brève, conduisez cet enfant dans sa chambre.

Cet ordre amena une petite scène d'intérieur pendant laquelle nous pûmes échanger quelques mots.

— La marquise nous observe, me dit madame de D.... ; prenons part à la conversation.

La grand'-tante avait commencé le récit d'une histoire pieuse que la marquise écoutait religieusement. Son mari pressait sa main sur ses lèvres pour étouffer un invincible bâillement. La jeune fiancée se tenait raide et regardait de temps en temps Maurice à la dérobée ; celui-ci le lui rendait bien, mais prenait un air sérieux quand la grand-'tante se tournait vers lui. Madame de D... paraissait partager l'attention de la marquise ; mais je voyais son sein doucement agité soulever mollement les plis de sa robe de gaze, et moi enfoncé dans l'ombre, la tête appuyée sur ma main, je la dévorais des yeux.

L'histoire ne me parut pas longue, malgré les bâillements du marquis, qui allèrent *crescendo* jusqu'à devenir bruyants. Sa femme rougit; Maurice regarda sa fiancée en souriant, et je me sentis frissonner de plaisir : mes yeux venaient de rencontrer ceux de madame de D....

La marquise avait hâte de terminer la soirée; et, tout occupée qu'elle était de la grand'tante, elle n'en avait pas moins remarqué le trouble de madame de D....

— Vous souffrez, ma toute belle, lui dit-elle en lui prenant la main. Le sommeil va vous rendre vos brillantes couleurs...

La grand'tante l'interrompit en prononçant sa formule habituelle au moment de prendre congé :

— Que la paix du Seigneur soit avec vous.

Je répondis intérieurement *Amen* à la dévote, et nous nous séparâmes.

Ces détails paraîtront sans intérêt au lecteur. Je me le suis dit, et, cependant, je ne puis résister au plaisir de les retracer. Oh ! que l'on me pardonne d'aller chercher au milieu d'une vie si douloureuse quelques jours de bonheur. Ce sont des fleurs cachées sous les ronces. Qu'importe que ma main revienne ensanglantée par les épines pourvu que je cueille encore ces souvenirs embaumés ?...

Les nuits qui succèdent à de pareils jours ne sont pas des nuits de sommeil et de repos. Au milieu des ténèbres, la réflexion s'éveille et la voix du remords et du repentir parle haut à l'âme agitée. En vain j'essayai d'étouffer le cri de ma conscience ; elle se plaisait à me rappeler minutieusement, mot à mot, mes angoisses, mes douleurs ; elle me forçait à mettre le doigt sur les plaies du passé. Il me fallut les sonder et souffrir plus cruellement peut-être qu'au jour où je reçus la blessure; puis elle me demandait, comme le ferait un juge impassible : « As-tu été heureux? » et mon passé répondait par ces mots : « Honte, misère et désespoir. » Deux fois j'avais glissé sur le penchant de l'abîme et j'en étais sorti froissé et meurtri; allais-je recommencer une existence pareille ?

Je frémis d'épouvante à cette pensée, et, sous l'empire de ma terreur, je rêvai une vie nouvelle, vie paisible, ignorée, consacrée à l'étude et à la méditation, loin du contact du monde. La tête pleine de ces espérances, je m'endormis, et, comme l'athlète épuisé par la lutte, je pus goûter enfin le doux sommeil.

A mon réveil, je me trouvai si calme, que je me crus fort; il me semblait que j'étais couvert d'une triple armure que les aiguillons de la chair ne pourraient entamer. Le soleil était déjà haut à l'horizon ; quand j'ouvris ma fenêtre, qui donnait sur le parterre, une senteur humide et fraîche vint me pénétrer : mon âme s'ouvrait encore aux pures jouissances de la nature. Je voulus descendre au jardin, et je pris machinalement mon bréviaire. Je m'étais bien promis de n'en plus négliger la lecture, et j'allais sagement commencer ma journée en accomplissant une obligation d'état.

Le livre que m'avait remis la veille madame de D.... était placé sous le bréviaire. Cette vue me troubla : la scène de l'avenue se retraça soudainement à mon esprit, et, à mesure que les incidents se déroulaient dans ma mémoire trop fidèle, le calme se retirait de mon cœur. Je voulus fuir le danger et je sortis précipitamment. Mais au lieu de me diriger vers le jardin, ce fut vers l'avenue que se tournèrent mes pas. J'obéissais à une impulsion machinale, ou plutôt la passion me commandait encore et je lui cédais lâchement. Les bonnes résolutions s'évanouissaient l'une après l'autre, et un sentiment de joie mêlé de douleur prenait leur place.

O pouvoir souverain de la passion triomphante, qui te pourrait résister! n'es-tu pas semblable à la mer de Bretagne qui ne semble s'éloigner un moment que pour revenir avec plus de violence couvrir la grève de ses flots écumants?..

En suivant l'avenue, je distinguais sur le sable la trace des pas de madame de D.... Peindre le fol enivrement qui s'empara de moi à la vue du banc où je m'étais assis près d'elle, je ne l'essaierai pas. Je me surpris portant à mes lèvres la main qui avait touché la sienne, comme si elle eût gardé le parfum qui s'exhale de la femme aimée.

Une voiture de poste arrivait au grand trot par l'autre extrémité de l'avenue. Les claquements du fouet du postillon m'avaient déjà averti ; je me levai et j'ouvris mon bréviaire. C'était le général, oncle de la marquise, qui se rendait au château. Il fit arrêter, me salua affectueusement, et, passant le bras hors de la portière, il serra avec cordialité la main que je lui tendis.

— Ah ! ah ! monsieur l'abbé, s'écria-t-il, je vois que vous avez fait des progrès dans la vie dévote. Au revoir : je ne veux pas troubler vos saintes et matinales méditations.

Et la voiture reprit sa course vers le château.

L'arrivée du général me déplut ; c'était une distraction à mon amour. En rentrant dans ma chambre, je m'aperçus que le livre de madame de D... n'était plus à la place où je l'avais laissé. Il avait été enlevé ; mais par qui et comment ? Et voilà mon imagination courant à l'aventure. Qu'allait devenir ma vie, si une circonstance aussi futile suffisait à la troubler.

Maurice m'apprit en entrant que la visite du général était une surprise. Il venait du reste me prier d'exercer mon influence près du vieil oncle pour obtenir de lui qu'il ne froissât pas trop vivement les opinions de la grand'tante. Le mariage était peut-être à ce prix. Je promis tout ce qu'il voulut. Pendant qu'il parlait je songeais à ces deux familles occupées du soin de s'unir par les liens les plus doux et les plus sacrés; et, faisant un triste retour sur moi-même, je me trouvais bien malheureux de rester au milieu d'elles étranger, malgré moi, aux intérêts qui les agitaient.

Il y eut avant le déjeûner une réunion des parents chez la grand'tante, et je ne vis madame de D.... qu'à table. Elle était encore un peu pâle; mais son maintien grave et froid me frappa tout d'abord. Elle ne tourna pas une seule fois ses regards de mon côté. En sortant de table, elle accepta avec empressement le bras du général. J'étais à la torture, et la jalousie s'empara de moi comme si j'eusse eu quelques droits sur cette femme. Par bonheur, les gens qui m'entouraient étaient trop occupés de leurs affaires personnelles pour m'observer ; mon émotion passa inaperçue.

La marquise s'approcha de moi et s'excusa de m'avoir laissé trop longtemps seul. Elle semblait enchantée de la réunion du matin, et dans sa joie elle devint presque expansive. Cependant, elle avait un sentiment trop exquis des convenances pour ne m'entretenir que de l'alliance projetée, et elle voulut me prouver qu'elle s'intéressait aussi aux choses qui pouvaient me toucher. Peut-être même se départit-elle un peu, en cette occasion, de sa réserve habituelle :

— Il paraît, me dit-elle, que vous avez cessé toute correspondance avec M...? (Elle désignait le grand vicaire qui m'avait donné des lettres de recommandation lorsque j'avais quitté le diocèse de Rennes pour venir en Bourgogne). J'ai reçu tout récemment, ajouta-t-elle, une lettre qui me parle de vous de manière à laisser penser que vous n'avez point écrit.

— C'est un oubli que je me reproche tous les jours, madame la marquise ; mais je crains bien qu'il ne soit trop tard pour le réparer.

— Non, non, ne manquez pas d'écrire. M... est malade ; il a besoin de distractions, et je suis sûre qu'une lettre de vous, en lui prouvant que vous n'êtes pas un ingrat, lui causerait une satisfaction très vive... Tenez, voici en quels termes il me parle de vous.

Elle ouvrit un petit nécessaire et en tira une lettre. Je jetai les yeux sur l'adresse, et je crus me tromper. Cependant la marquise parcourait la première page. Plus de doutes : oh ! oui, c'était bien cette écriture si nette, si pressée, si ferme que j'avais parcourue tant de fois en palpitant de plaisir et d'amour ; c'était l'écriture de mon inconnue..... Je fis un violent effort pour me contenir. La marquise acheva de lire : puis, sans lever les yeux sur moi, elle replia la lettre et me dit :

— Je ne me trompais pas : ce ne sont que des reproches affectueux.

Je me gardai bien d'insister, et nous allâmes rejoindre le général, qui se promenait avec madame de D.... Les attentions qu'il lui prodiguait, la bienveillance avec laquelle elle les recevait ne me firent plus autant de mal. Mon imagination mobile était tout entière près de l'inconnue, et son souvenir venait d'éveiller celui de ma pauvre et chère Marguerite. Je revivais dans le passé. Aussitôt que je le pus, je me retirai dans mon appartement. J'y étais à peine lorsque j'aperçus la marquise et madame de D.... se mettre à l'écart dans un bosquet, laissant le général aux prises avec la grand'-

tante et Maurice. J'étais caché derrière mes rideaux, et je vis distinctement la marquise mettre une lettre sous les yeux de madame de D.... et lui indiquer du doigt un passage. Je ne sais pourquoi il me vint à l'esprit que c'était la lettre de l'inconnue... A cette idée, mon premier mouvement fut de m'enfuir sans rien dire à personne...

Cependant je ne perdais pas les deux dames de vue. La marquise parlait seule, et madame de D. semblait examiner avec une attention singulière les fleurs qu'elle tenait à la main. Elles se levèrent et vinrent de mon côté ; si elles se fussent approchées encore de quelques pas, j'aurais pu entendre ce que disait la marquise. Enfin, elle jeta les yeux sur ma fenêtre; un instant après elle me tourna le dos, et s'éloigna avec sa compagne.

J'étais horriblement ému; quelques verres d'eau avalés coup sur coup me donnèrent assez de calme pour me permettre de descendre et de me présenter sans trop d'embarras. Je ne remarquai sur le visage des deux dames aucun changement. Madame de D. conservait son air digne et froid du matin, mais rien de plus. Bientôt le général s'empara de moi, et Dieu sait s'il se dédommagea de la réserve qu'il avait été obligé de garder avec la grand'tante. C'est de politique, bien entendu qu'il fut question. Il était en train de faire une charge à fond sur les courtisans et sur les jésuites, lorsqu'un valet vint lui remettre une lettre. Il la parcourut avec avidité et respirant à peine. Le changement qui s'opéra dans ses traits fut si profond et si soudain que je m'écriai malgré moi :

— J'espère que vous n'avez rien appris de fâcheux?

— Non, me répondit-il d'un air distrait; seulement je suis forcé de partir pour Paris sur-le-champ.

L'idée que j'avais eue déjà de quitter le château me revint à l'esprit, et je lui demandai une place dans sa voiture. Ma retraite, que je croyais nécessaire, devenait ainsi plus naturelle. Le général accueillit ma requête avec le plus aimable empressement.

— Hâtez-vous de faire vos préparatifs, me dit-il ; il faut que je sois en route avant deux heures.

Rien ne me convenait mieux. J'éprouvais une secrète jouissance à montrer à madame de D. que je n'étais pas un esclave disposé à supporter patiemment ses froideurs.

Grand fut l'étonnement de la famille en apprenant le départ imprévu du général. La marquise était habituée aux bizarreries de son oncle ; mais celle-là lui parut trop forte pour ne pas mériter quelques observations.

— Ne vous plaignez pas pour si peu, répondit-il ; je ne vous permets de m'en vouloir que parce que je vous enlève votre chapelain.

Madame de D. rougit visiblemeut, puis pâlit presque aussitôt. Elle me jeta un de ces regards qui me désarmaient en m'enivrant. J'aurais voulu rester alors, et pourtant, par une inexplicable bizarrerie, j'étais heureux de m'éloigner.

Notre voyage fut très silencieux. Si le général était préoccupé par de graves pensées, j'avais, moi aussi, ample matière à réfléchir. Au surplus, nous nous séparâmes les meilleurs amis du monde, et mon compagnon, en me quittant, me donna son adresse, et m'engagea à l'aller voir pendant son séjour à Paris.

Je trouvai Yvonne extrêmement inquiète de ma longue absence. Elle n'avait pas cessé de surveiller mon confrère, et, en femme habituée à vivre avec les prêtres, elle y avait mis une finesse et un tact qui me surprirent, quoique j'eusse eu maintes fois l'occasion de l'apprécier. Dès que mon confrère s'était aperçu qu'on avait dérangé le cadre, il avait bouché le trou pratiqué dans la cloison, et il s'était borné à adresser à Yvonne de nombreuses et insidieuses questions sur mon compte. Depuis quelques jours il restait fort peu à la maison, recevait de fréquentes visites et avait une correspondance très suivie. Yvonne voyait en lui un homme tout aussi dangereux, pour le moins, que son prédécesseur. Paris déplaisait à cette excellente femme ; elle se défiait de ma faiblesse et rêvait pour moi la douce tranquillité d'un presbytère de campagne. Combien elle eût insisté davantage pour m'éloigner si elle eût connu le véritable état de mon cœur !

Ici se place une période de ma vie que je dois abréger. Je ne me rappelle qu'avec horreur les souffrances que j'éprouvai. J'étais dans toute la plénitude de la vie, je n'en avais jamais usé, et la nature réclamait ses droits avec une violence telle que mes jours et mes nuits devinrent un long supplice. Je résistai; mais une maladie dévorante s'empara de moi. Yvonne, effrayée des ravages que le mal avait fait en peu de jours, appela un médecin. L'Esculape jugea mon état très alarmant. Tout était pour moi un objet de dégoût. La vie elle-même finit par me devenir tellement à charge que je ne désirais rien tant que d'en voir arrriver la fin. Je m'étais soumis à une diète sévère, et je tombai dans un si grand affaiblissement que je ne pouvais plus me soutenir. Cependant les passions vivaient encore ardentes et m'embràsaient de leurs feux impurs. Presque réduit à l'extrémité, je n'avais pas une pensée pour mes devoirs; pas un élan de mon âme ne s'élevait vers Dieu.......

Et que l'on ne s'imagine pas que je sois une

exception ! J'ai évité, dans le cours de mon récit, de citer de nombreux exemples du mal qui dévore le clergé, mal qui n'a qu'une cause unique facile à deviner. Je ne voulais parler que de moi sans mêler rien d'étranger à mon récit mais, puisque j'y suis amené, que l'on me permette de citer un seul fait dont j'ai été le témoin :

J'ai reçu chez moi, dans le cours de ma carrière, un jeune ecclésiastique d'un tempérament sanguin très prononcé. Cet homme était plein de foi, et sa croyance sincère n'admettait pas le plus léger doute. Il remplissait sans ostentation ses devoirs de prêtre, et il les remplissait avec ce zèle que donne l'espérance d'une récompense éternelle. Vaincu par ses sens, il se permit un jour je ne sais quelle liberté coupable avec une jeune fille. Le remords suivit de près sa faute. Il passa la nuit en prières. De ma chambre, j'entendais ses soupirs et ses sanglots, il se frappait la poitrine avec violence, et il finit par se meurtrir la tête contre son prie-Dieu. Effrayé de ce désespoir, j'entrai pour le consoler. Il se jeta à mes pieds et me fit, en fondant en larmes, l'aveu de ce qu'il appelait son crime. Je ne pus le décider à se mettre au lit; quoique la saison fut très rigoureuse, il resta étendu sur le plancher le reste de la nuit. Le matin, au point du jour, il était à genoux au pied de l'autel et priait avec une ferveur qui me toucha profondément...

Trois mois après tout au plus, j'appris qu'il avait été obligé de quitter la paroisse où il remplissait les fonctions de vicaire parce qu'il avait attenté à la pudeur d'une fille de quinze ans !...

En lui la foi pure, vraie, absolue se trouvait en lutte continuelle avec une organisation énergique, impérieuse : la foi fut vaincue...

Un mot encore. Quels sont les crimes qui amènent les prêtres devant les tribunaux? Et combien peu, toute proportion gardée, y voyez-vous comparaître de pasteurs de l'église réformée?. .. O législateurs, quand songerez-vous à mettre un terme à ce long et dangereux martyre? . . . .

Je n'ai encore rien dit d'un chanoine, mon voisin, que je rencontrais souvent dans l'église de la paroisse à laquelle j'étais attaché, parce que sa morgue m'avait toujours éloigné de lui. On le disait pourtant bon homme au fond. Me sachant malade, il prit la peine de venir me voir. Je dus à cette visite la révélation d'une faculté mystérieuse que je n'avais pas même soupçonnée en moi jusqu'à ce jour. — S'il faut le dire, c'est du magnétisme qu'il s'agit. Je ne prétends pas convaincre les incrédules; je raconterai seulement, laissant à d'autres plus savants que moi, le soin d'apprécier et de conclure.

L'excessive irritabilité de mes nerfs, la violence avec laquelle je subissais l'action des objets extérieurs donnèrent au chanoine la curiosité d'essayer sur moi le magnétisme. Il me prit les mains et tint longtemps son regard fixé sur le mien. Je ressentis d'abord une gène insupportable, puis mes yeux se fermèrent sous le poids d'un lourd bandeau de plomb qui semblait me couvrir toute l'étendue du front. Enfin, je m'endormis. Yvonne était prévenue et suivait avec attention ce que faisait le chanoine; elle se hasarda à lui demander l'explication de ses gestes; mais il lui imposa silence de la main. Mon sommeil dura plus d'une heure. Quand je me réveillai, le chanoine était rayonnant. Il m'expliqua tous les bienfaits du magnétisme et m'engagea à garder le silence, parce que les personnes qui se livraient à sa pratique étaient vouées au ridicule. Comme je me trouvais, en effet, dans un état de calme peu ordinaire, je ne pus révoquer en doute les assertions du magnétiseur... Je crus.

Aussitôt qu'il m'eut quitté, j'envoyai Yvonne chez un libraire chercher l'histoire critique du magnétisme, et je la lus avec avidité; mais je fus effrayé des révélations qu'on pouvait obtenir par le somnambulisme : je n'étais pas en situation d'ouvrir ma conscience au premier venu. Le chanoine revint fréquemment; mais Yvonne avait le mot d'ordre et ne quittait pas ma chambre. Mon organisation nerveuse et maladive me rendait, paraît-il, un sujet précieux. Il est certain que je tombai dans un état de somnambulisme complet. Le chanoine pria si instamment ma gouvernante de s'éloigner, qu'elle finit par y consentir; mais, cependant, comme elle ne voulait pas me perdre de vue, elle alla s'établir dans le petit cabinet où je travaillais. De là elle pouvait tout voir et tout entendre, quoique le chanoine me parlât assez bas. Voici ce qu'elle me raconta le soir :

— Il vous a d'abord parlé de vous, puis de deux dames, dont l'une doit être âgée, puisqu'il s'agissait de savoir quelles sont ses dispositions testamentaires. Quant à l'autre, c'est des dispositions de son cœur qu'il s'inquiète. La première l'occupe moins que la seconde. Il craint qu'une lettre égarée ne le compromette ; il a même été jusqu'à vous consulter sur le dévoûment d'une femme de chambre. Vos réponses ont été si embarrassées, si lentes, et dites sur un ton si faible, que je n'ai pas pu les saisir...

Cette quatrième séance me laissa une abominable migraine et des bourdonnements dans les oreilles.

Je voudrais pouvoir passer sous silence ce que je vais raconter, car j'agis mal ; mais j'ai promis d'être vrai, et je le serai jusqu'au bout.

Le rapport d'Yvonne me fit réfléchir, et je conçus la coupable pensée de simuler le sommeil afin de m'emparer du secret du chanoine. Le contact du monde commençait à corrompre la droiture naturelle de mon caractère.

Pour ne pas subir l'influence du magnétisme, la première fois que revint le chanoine, je tendis toute mon attention et je fis appel à toute ma force de volonté. Quand il me crut endormi, il m'adressa les questions d'usage, puis il me témoigna son étonnement d'avoir ressenti une réaction très forte.

— Quelle en est la cause? me demanda-t-il.

Je lui répondis bien bas que le fluide qu'il m'avait communiqué étant en surabondance, il avait dû se reporter sur lui.

— Je comprends, dit-il avec une crédulité parfaite.

Alors commencèrent les questions et sur le

testament et sur la lettre égarée. Je ne crois pas devoir trahir le secret que je surpris; qu'il me suffise de dire que le chanoine était occupé d'une intrigue très dangereuse. Je profitai de sa confiance pour lui conseiller de rompre au plus vite. La femme qu'il aimait était mariée. J'obtins de lui, mais non sans peine, la promesse qu'il mettrait fin à ses relations. Il essaya en effet, mais il était déjà trop tard : le mari savait tout. Il y eut des scènes terribles. Le chanoine s'éloigna en me remettant le soin de veiller à ses intérêts. A cette époque, il n'était plus question de magnétisme entre nous, et j'étais devenu son confident. Je n'aurais même pas dit un mot de tout cela si cette fatale liaison n'eût exercé une certaine influence sur ma propre vie. Le chanoine, après m'avoir montré une amitié que je croyais sincère, devint jaloux de moi et essaya de me nuire...

Mais j'anticipe sur les évènements. Je parlerai en leur lieu de ces diverses circonstances... Seulement, comme je suis résolu à taire tout ce qui se rapporte à cette scandaleuse affaire, j'ai voulu donner tout d'abord au lecteur quelques explications, sans lesquelles il lui serait impossible de comprendre, d'une part, l'amitié que me montra le chanoine, et de l'autre le revirement qui s'opéra dans son esprit.

Pour en finir avec ce sujet délicat, je dois ajouter que les soupçons jaloux du chanoine manquaient de fondement, et que je n'ai jamais eu avec la dame qui a joué un si grand rôle dans sa vie que des rapports parfaitement avouables. J'étais désireux de ramener une femme à son mari. J'y parvins, et c'est cet acte d'honnête homme qui me valut peut-être l'animosité du chanoine. Il ne comprit pas l'étendue du service que je lui rendais à lui-même, tant il était dominé par sa passion.

Cela dit, je reprends le cours de mon récit.

III

J'éprouvais moins d'agitation depuis que le magnétisme m'avait apporté quelque distraction ; mes forces revenaient peu à peu, et je sentais que j'allais ressaisir la vie, prête à m'échapper.

Sur ces entrefaites, une lettre très courte de Maurice vint m'annoncer son retour pour le lendemain. Il ne me parlait pas de sa mère ; j'en fus affligé, mais beaucoup moins que je ne l'aurais supposé. Évidemment, le spectacle des embarras, des dangers du chanoine, agissait favorablement sur mon esprit en me faisant toucher du doigt, pour ainsi dire, les périls d'une liaison entre une femme du monde et un homme de ma profession. Certes, mon amour n'était pas éteint, mais il était au moins singulièrement refroidi. En apprenant que madame de D... allait arriver, j'éprouvai cependant une certaine émotion, et pour ne pas m'abandonner à mes pensées, je sortis de chez moi.

Je traversais une place publique lorsque je me trouvai face à face avec la jeune fille qui m'avait rendu un si grand service la nuit où j'avais été entraîné dans un cabaret. Rose me reconnut aussitôt. Je baissai les yeux et je rougis ; je craignais quelque éclat, mais elle ne fit même pas mine de s'arrêter ; seulement, lorsque je retournai brusquement sur mes pas, je l'aperçus qui me regardait.

Je quittai aussitôt la place, et je revins rapidement à la maison.

Dix minutes s'étaient à peine écoulées lorsque la sonnette annonça une visite, et Yvonne vint me demander si je pouvais recevoir une jeune personne qui demandait à parler à l'ecclésiastique qui venait de rentrer. Je devinai bien vite que c'était Rose. Elle entra, en effet ; elle était très décemment vêtue. Sans montrer d'embarras, elle prit un siége et entama elle-même la conversation.

— J'ai changé de position, me dit-elle ; je ne suis plus avec Mathieu. Tenez, Monsieur l'abbé, je suis gaie et folle, mais j'avais souvent honte de mon état, car je n'étais pas mariée. Voyez-vous, les pauvres filles comme moi, qui n'ont ni père, ni mère, ni aucun parent, sont obligées, pour vivre, d'en faire autant si elles ne veulent pas aller mendier par les rues. Et puis, notre ménage s'était gâté ; Mathieu était devenu querelleur, inquiet : il voyait partout des mouchards. Je fus enchantée quand une voisine me demanda si je voulais une bonne place, que me ferait avoir une dame qu'elle connaissait. Je ne souhaitais que ça. Je fis ma plus belle toilette ; ce n'était pas cossu, mais on prend ce qu'on a, et j'allai avec la voisine chez la dame. Oh ! une grande dame, bien belle et bien bonne, allez. Il paraît qu'elle me connaissait déjà, car elle me parla tout de suite de Mathieu.

— Ah ! fis-je. Et comment la nommez-vous ?

— Madame de D..., me répondit Rose.

Je tressaillis malgré moi.

— Cette dame, continua-t-elle, m'envoya dans un fiacre chez une de ses amies, dont le mari est très vieux et toujours assis dans un fauteuil. C'était pour le servir que j'entrais dans la maison. Voilà un mois que j'y suis, et je m'y trouve bien. Il n'y a que ma vie passée qui me chagrine...

Je la laissais dire, et je l'examinais avec attention. Son visage était plus frais, son langage moins débraillé. Une vie plus régulière l'avait déjà transformée.

— Quelle est votre maîtresse? lui demandai-je.

Elle me cita un nom inconnu, et, une fois lancée sur ce terrain, me parla de sa douceur, des caprices d'enfant de son mari, sans oublier les querelles du cocher et de la cuisinière. Je l'interrompis :

— Vous m'avez rendu un service signalé, Mademoiselle...

Elle m'arrêta à ce mot :

— Dites donc Rose... Je trouve çà si drôle que l'on m'appelle mademoiselle, que quand le valet de chambre me donne ce nom, je lui ris au nez.

— Eh bien ! Rose, je veux vous témoigner ma reconnaissance.

Je lui offris en même temps une petite bourse.

— Ah ! par exemple ! s'écria-t-elle. Je n'ai pas besoin d'argent. On m'a donné des robes, et je gagne cent écus par an. Oui, cent écus, monsieur l'abbé, c'est une jolie positionhein ?...

Je pensai à part moi que c'était présisément la somme que je recevais à mon début dans le monde.

—Je reviendrai vous voir de temps en temps, me dit-elle en se levant ; vous ne savez pas combien de fois j'ai pensé à vous.

Lorsqu'elle sortit, je dis à Yvonne qui elle était. Ma bonne gouvernante la combla de caresses, tout en lui recommandant la discrétion. Au même instant, mon confrère rentrait. Il regarda Rose attentivement, puis il monta dans sa chambre. Ce prêtre-là vivait presque comme un ermite, parlant et mangeant peu. Yvonne prétendait qu'il ne faisait usage que de ses yeux et de ses oreilles. Rien n'était moins rassurant.

Mon chanoine, que j'avais consultéà ce sujet, avait confirmé tous mes soupçons.

— Mon cher abbé, m'avait-il dit, pourquoi échapperiez-vous à la loi commune? Les jésuites ont leurs espions à la cour, chez les ministres, partout. Monseigneur l'archevêque lui-même a son surveillant, et comme lui, chaque paroisse a le sien. C'est une terrible association qui domine le clergé par l'ascendant qu'elle exerce sur les évêques. Beaucoup d'entre nous savent les dangers auxquels ils nous exposent; mais l'ordre nous vient d'en haut, et nous nous courbons...

Madame de D. était à Paris, je le savais. Je courus chez elle pour la voir; et, comme par esprit de contradiction, au lieu de la demander, je me fis inscrire et je me retirai. Le soir même, Maurice vint me chercher. On était très étonné à l'hôtel que je ne me fusse pas fait annoncer, et l'on m'attendait immédiatement. Ainsi pris au dépourvu, je me laissai conduire, et la rapidité de la course, et les questions incessantes de Maurice ne me laissèrent pas le temps de me recueillir ét de composer mon maintien.

Madame de D. me fit nn accueil aimable, bienveillant, mais si parfaitement calme, que je regrettai d'avoir accompagné Maurice. Cependant la colère me donna des forces : je rougis de moi-même, et je parvins si bien à maîtriser mon émotion, que rien ne vint trahir le trouble de mon cœur. Je comblai d'attentions la grand'tante, et la bonne dame s'en montrait d'autant plus ravie, qu'elle ne m'avait jamais trouvé très empressé auprès d'elle. Madame de D. me jetait de temps en temps un regard à la dérobée ; mais je feignais de n'y pas prendre garde. L'orgueil m'enseignait le manège des coquettes. De part et d'autre nous nous piquions au jeu. Madame de D. raconta son voyage : elle s'était arrêtée avec sa tante quelques jours à Fontainebleau et y avait rencontré un jeune homme charmant. Je redoublai d'attentions pour la vieille douairière, et j'affectai une politesse excessive en parlant à sa nièce.

Je me reconnus ce soir-là d'excellentes dispositions pour la raillerie à lèvres pincées. Très certainement madame de D. s'étonnait d'avoir affaire à si forte partie : elle m'écoutait avec une surprise croissante. Ce n'était plus là cet homme qu'elle avait vu si faible naguère, alors qu'un regard, un geste d'elle suffisaient pour me faire perdre la raison. Elle en vint à douter de sa puissance.

Chez une femme, quelque bien élevée qu'elle

soit, le dépit peut conduire à l'oubli des convenances. Madame de D. me le prouva.

— Monsieur l'abbé, me demanda-t-elle tout-à-coup, vous avez connu une jeune personne fort intéressante en Bretagne. Madame la marquise m'en a parlée ; elle prétend qu'elle écrit admirablemont?

Je sentis le coup, et je compris que mes soupçons, à l'endroit de la lettre lue au château et de certaines visites faites dans mes papiers par la marquise, étaient fondés. Je répondis d'un ton froid :

— Dire qu'elle écrit admirablement, c'est peut-être la flatter ; mais si vous voulez dire qu'elle écrit avec son cœur, je suis, Madame, de votre avis ; mais je ne sais pas si elle est aussi intéressante que madame la marquise a bien voulu l'affirmer.

— Je ne comprends pas, dit la grand'tante.

— Ni moi non plus, ajouta Maurice.

— Voici le fait, leur répondis-je.

Les yeux de madame de D. étaient attachés sur les miens ; elle m'avait mis sur la sellette : mon assurance ne m'abandonna pas.

— Des circonstances bizarres me forcèrent d'entrer en correspondance avec cette jeune dame...

— Ah ! c'était une dame? dit madame de D....

— En vérité, madame, je l'ignore. Je ne la connais pas; je ne l'ai même jamais vue, et je ne sais ni son âge ni sa condition.

Maurice se prit à rire.

— Mais votre Bretagne, me dit-il, est donc un pays de mystères.

— Pas le moins du monde, répondis-je sur le même ton, et un fait isolé ne prouve rien.

— Vous devriez bien, me demanda madame de D...., en m'enveloppant de l'un de ses regards magnétiques, nous raconter quelle circonstance extraordinaire vous fit entrer en rapport avec cette inconnue.

— Je serais trop heureux de vous obéir, madame, répliquai-je, si le mystère du confessionnal n'était en jeu.

— Oh ! voilà qui est sacré ! s'écria la grand'-tante ; ne dites rien, Monsieur l'abbé.

Maurice sourit.

—Bien vrai ? insista sa mère en me caressant encore de son regard.

— Je ne voudrais pas vous tromper, madame.

La conversation changea de sujet. Quand nous nous levâmes de table, Maurice donna le bras à sa tante. Madame de D.... prit le mien sans affectation, et me dit assez bas pour n'être entendue que de moi :

— Je crois que la confession s'est faite plutôt par écrit que dans le tribunal de la pénitence.

Je me tus.

— Vous voudriez me faire croire qu'il s'agit sérieusement d'un secret de confession.

Je me tus encore. Elle me regarda d'un air indéfinissable.

— Vous aurais-je blessé? me demanda-t-elle. Oh! j'en serais au désespoir; mais avouez que vous êtes bien singulier. On dirait qu'il y a deux hommes en vous.

— Vous avez raison, madame. L'homme vrai, au cœur ardent et dévoué se laissant aller à ses impressions, et le prêtre qui essaie de se maîtriser et qui n'y parvient pas toujours.

— C'est le premier que j'ai vu dans l'allée du château, n'est-il pas vrai? me répondit-elle, et c'est l'autre qui est ici.

— Peut-être, madame.

— Eh bien! je vous assure que l'homme vrai est celui qui m'inspire le plus d'intérêt.

—Dites de compassion, madame; et il en est digne, je vous le jure.

La grand'tante interrompit notre *à parte*. Elle venait d'entendre Maurice faire l'éloge de la religion, et elle voulait nous prendre à témoins de cette merveille. Je n'écoutais pas, mais je sentais mon amour-propre, naguère en éveil, s'assoupir peu à peu; mes nerfs se détendaient, je me sentais faiblir et mes yeux se reposaient avec enivrement sur madame de D.... Je trouvais que j'avais été cruel.

Elle était rêveuse, et nous laissions la tante et le neveu causer seuls.

Bientôt l'homme qui tout à l'heure encore avait montré tant d'audace, devint timide comme un enfant: je n'osais même plus regarder madame de D.... Elle s'en aperçut, et sous prétexte de me faire admirer un tableau, elle me conduisit à l'autre extrémité du salon.

—Que vous êtes bizarre, me dit-elle. Je vous

déclare inexplicable. Vous voilà maintenant l'homme de l'allée du château : vous tremblez. Prenez garde que Maurice ne s'en aperçoive.

Et comme elle me voyait près de commettre je ne sais quelle extravagance, tant mon émotion était forte, elle saisit un vase de porcelaine et le laissa tomber.

— Voilà qui expliquera votre trouble, me dit-elle; allons calmez-vous, et adieu.

L'attention de Maurice et de la grand'tante fut attirée par le bruit que fit le vase en se brisant.

— En vérité, monsieur l'abbé, s'écria madame de D...., votre admiration pour les objets d'art est trop vive; vous avez l'enthousiasme bien maladroit.

Je balbutiai quelques excuses et je partis plus occupé que jamais de cette femme étrange, qui semblait se faire un jeu de mon cœur et que je ne trouvais jamais si tendre qu'au moment où je montrais plus de froideur. N'était-ce pas une horrible coquette prenant plaisir à me ramener sous le joug pour m'immoler à ses caprices?

Une fois loin d'elle, je me révoltai contre ma faiblesse, j'envisageai de nouveau les dangers et les douleurs que m'apprêtait un amour impossible, et je pris, pour la millième fois, la résolution de mettre en pratique, pour mon propre compte, les sages conseils que j'avais donnés à mon ami le chanoine.

Quand je le revis, je le trouvai singulièrement inquiet. Il venait d'être informé qu'un grand vicaire dirigeait contre lui une dangereuse intrigue.

Le plus grand ennemi du prêtre, c'est le prêtre; mais c'est toujours dans l'ombre qu'il s'agite, et pendant qu'il mine le terrain sous les pas de son ennemi, tout est calme à la surface. Ainsi le chanoine était averti que des bruits de nature à le perdre dans l'esprit de l'archevêque étaient parvenus aux oreilles de Monseigneur de Quélen à sa grande surprise, et plus encore, à son vif mécontentement. Je bénis presque le grand vicaire, parce que ses attaques, en appelant bon gré malgré l'attention du chanoine, allaient faire diversion à son absorbante et déplorable passion. J'augurai bien de la colère et de l'indignation qu'il témoigna tout d'abord : il avait besoin d'une distraction violente pour ne pas achever de se perdre par son lâche abandon de lui-même. Nous nous occupâmes de parer le coup qui le menaçait.

Cette conversation toute intime me valut d'autres confidences.

— Songeons, me dit un jour le chanoine, sans soupçonner que son conseil m'était aussi utile qu'à lui pour le moins, songeons à parcourir la seule carrière qu'on nous ait laissé ouverte; soyons remuants, ambitieux : c'est notre unique remède contre les tentations de la chair.

Puisqu'on nous a voulu tels, soyons donc ce qu'on a voulu que nous fussions. Jamais, du reste, le moment n'a été plus propice. Vous avez de l'intelligence, des dispositions pour la chaire; il faut vous mettre en évidence et sortir de la situation équivoque dans laquelle vous vous trouvez. Je vous suis sincèrement attaché. J'ai trouvé en vous un ami aux jours de l'affliction. Dans mes jours de repos et de prospérité, — car je compte bien en avoir encore, — vous trouverez en moi un cœur reconnaissant et dévoué. Lisez cette lettre; elle m'a été adressée par l'homme qui s'est chargé de déjouer les intrigues du grand vicaire.

La vue de la signature me surprit; c'était celle d'un très haut personnage... Il annonçait au chanoine que le ministère Polignac était enfin constitué, et qu'il serait proclamé très prochainement. On voulait, disait-il, en finir avec les restes de 89. Le clergé allait rentrer dans ses droits et prérogatives, et le roi se montrait digne enfin du sang de Louis XIV.

Le ton d'assurance prophétique de cette lettre produisit au premier abord quelque impression sur mon esprit. Un moment je crus à la possibilité d'un pareil retour vers le passé. Le chanoine était si plein de confiance qu'il calculait déjà le temps précis qu'il faudrait pour démantibuler l'édifice révolutionnaire. Il croyait fermement qu'une ou deux mesures vigoureuses suffiraient pour inspirer la crainte, et qu'en un instant l'œuvre serait accomplie.

—Une seule chose m'afflige, me dit-il, les jésuites jouent le principal rôle dans cette affaire, et ils ne sont pas gens à perdre leurs avantages. Le clergé séculier est menacé de tomber dans une position secondaire et d'être traité en sous-ordre. Nous n'avons pas compris notre situation; nous devions nous rallier autour du drapeau des libertés gallicanes et nous mettre au lieu et place des jésuites. Quand le clergé séculier voudra lever la tête, il sera trop tard. Mais nos évêques l'ont voulu ainsi.

Peu après, le grand-vicaire fut déplacé; mais les démarches de mon patron en ma faveur demeurèrent sans résultat.

— Il faut, me dit le chanoine qu'on ait intérêt à vous laisser dans l'obscurité. Je n'ai pu jusqu'ici connaître l'obstacle qui s'oppose à l'accomplissemeut de mes désirs en ce qui vous concerne; mais je crois qu'il vient des jésuites. Vous êtes mal noté et cité comme excessivement tolérant.

Cet insuccès me toucha médiocrement. Je partageais le désir d'Yvonne, et je ne rêvais plus qu'uue vie studieuse et paisible dans quelque petite cure de campagne.

L'homme propose et Dieu dispose. Une circonstance dans laquelle je jouai un rôle tout à fait innocent me perdit, moi qui n'avais pas été puni pour des fautes réelles. Mon commensal fut, en cette occasion, un des agents de cette Providence qui dirige, dit-on, les affaires humaines.

On se rappelle que j'ai dit que mon confrère avait remarqué Rose le soir où elle était venue chez moi. Il observa de plus qu'elle y revenait souvent, quoiqu'elle ne s'entretînt qu'avec Yvonne, qui l'avait prise en grande affection.

Un après-midi, j'étais occupé à lire les feuilles royalistes, qui annonçaient l'avènement du nouveau ministère, lorsque ma gouvernante entra accompagnée de Rose. Celle-ci voulait me consulter, et je rapporterai notre conversation pour montrer combien on rencontre souvent de délicatesse et de véritable grandeur chez les plus humbles enfants du peuple.

Le valet de chambre de la maison où la jeune fille était placée lui avait parlé de mariage.

Rose se sentait de l'affection pour lui, et cependant elle éprouvait de la répugnance à l'épouser.

— Vous ne l'aimez donc pas réellement? lui demandai-je. Ou bien vous lui trouvez quelque énorme défaut, ou bien encore peut-être, craignez-vous, en vous mariant avec lui, de perdre la bonne condition que vous occupez aujourd'hui?

— Ni l'une ni l'autre de ces raisons, me répondit Rose d'un ton triste.

— Alors vous regrettez Mathieu, et la seconde affection ne peut vous faire oublier la première?

— Ah! si j'avais aimé Mathieu, je me marierais avec Saint-Jean...

— En vérité, je ne vous comprends pas.

— Je ne sais comment vous rendre ce que je veux dire... Rien que d'y penser, ça me trouble.

— Mais, repris-je, évidemment, puisque vous n'aimez pas Mathieu, il vous est plus facile de vous unir à un autre homme que si vous le regrettiez encore ?

— Tenez, Monsieur l'abbé, j'ai eu le temps de réfléchir, et voilà ce que je pense : si j'avais vécu avec Mathieu par amour, je serais excusable, m'est avis ; car, enfin, je suis une pauvre fille sans éducation. J'aurais obéi au cœur que Dieu m'a donné, et voilà tout. Mais ce n'est pas cela. Mathieu m'a dit : Tu meurs de faim, tu n'as pas d'habits, pas de domicile, viens vivre avec moi ; je travaillerai pour deux, et tu auras ce qui te manque. Eh bien ! M. l'abbé, je sens aujourd'hui qu'un corps qui s'est vendu pour un morceau de pain, sans que le cœur y fût, ne vaut rien pour un honnête garçon comme Saint-Jean. Je comprends que tant que je me rappellerai ce que j'ai été, je ne peux pas prendre le nom d'un homme ; et je me le rappellerai toujours. Cette tache-là, ça ne se lave pas comme votre soutane, ajouta Rose en souriant et pleurant tout à la fois.

Je restai muet un instant en face de ce sentiment si vrai et d'une si exquise délicatesse.

— Mais enfin, dis-je à Rose, à l'avenir vous vous conduirez bien ; et, quant au passé, Saint-Jean ne le connaîtra jamais.

— Il le sait, me répondit-elle avec une incroyable fermeté. C'est moi qui le lui ai appris, et il veut m'épouser tout de même.

Mon étonnement redoublait.

— Mais alors, repris-je, il ne pourra vous faire de reproches.

— Monsieur l'abbé, me répondit-elle, Saint-Jean m'aime aujourd'hui, mais j'ai entendu dire que l'amour n'avait qu'un temps. Quand ce temps sera passé, Saint-Jean pensera comme je pense aujourd'hui ; il se repentira, se désespérera, et il n'y aura plus de remède. Alors, que fera-t-il ? quelque mauvais coup, et c'est moi qui en serai la cause, c'est moi qui aurai perdu l'existence d'un brave garçon. Dites, Monsieur l'abbé, une fille comme moi peut-elle se marier avec cette idée ? Voilà ce que je venais vous demander, car j'aime Saint-Jean...

— Rose, restez fille, vous avez raison, et si vous souffrez aujourd'hui, votre conscience vous consolera.

Le cœur l'emporta un instant sur la noblesse et la fermeté du caractère. La pauvre enfant se couvrit le visage de ses mains et se mit à pleurer.

— Merci, Monsieur l'abbé, me dit-elle en se retirant. Je vois bien que je ne me trompais pas ; il faut avoir été toujours honnête pour prendre le nom d'un honnête homme.

Mon confrère la vit encore sortir de la maison, et probablement en prit bonne note.

Ferme dans mes sages résolutions, je me présentai chez madame de D. à une heure où j'étais sûr de ne pas la rencontrer. Je fis une courte visite à la grand'tante, et je rentrai chez moi content de mon courage. Ne m'en fallait-il pas pour fuir l'occasion du danger?

Le chanoine, quoique livré tout entier à l'ambition, avait cependant des retours de tendresse ; mais il se relevait bien vite. Son exemple m'entretenait dans le projet que j'avais conçu de rompre entièrement avec madame de D., et je trouvais d'ailleurs une grande satisfaction à me sentir plus fort que je n'avais été jusqu'alors.

D'un autre côté, mon nouveau patron continuait ses démarches dans mon intérêt. Il m'avait dit : je vous placerai, et il ne voulait pas en avoir le démenti. Aussi ne perdait-il aucune occasion de me produire, de me mettre en évidence. Le désir d'atteindre son but lui donnait, à me faire valoir, une ardeur que l'on ne rencontre d'ordinaire, je dois le dire, que dans un père ou dans un ami tout dévoué.

IV

Le clergé, tout gonflé des espérances qu'avait fait naître l'installation du ministère Polignac, déployait une activité extraordinaire. Je ne sais si la pensée que je vis prévaloir dans les dîners et dans les réunions où me conduisait le chanoine, était réellement alors celle de tous les hauts dignitaires ecclésiastiques; ce qui est certain, c'est que je voyais se manifester la volonté bien arrêtée de prendre fortement position en face de la Société de Jésus et de regagner le terrain qu'on avait laissé envahir. Les évêques en majorité tenaient, il est vrai, pour les jésuites : leurs doctrines, leurs opinions, une direction conforme à leur enseignement, prévalaient dans les séminaires, à la tête desquels les prélats ne plaçaient que des hommes dévoués à la compagnie. Parmi le clergé séculier de Paris, les esprits les moins clairvoyants pressentaient qu'avant dix ans l'esprit jésuitique prévaudrait exclusivement dans le corps ecclésiastique.

Il était difficile de mettre obstacle à cet envahissement.

Les bons pères, leurs âmes damnées parmi les évêques, dominaient la cour, et la plus grande partie des prélats subissaient l'impulsion, et la communiquaient ensuite à leurs diocèses, en même temps que l'éducation des séminaires la propageait chez les membres du jeune clergé. Se montrer partisan des jésuites était un moyen infaillible pour obtenir les faveurs, tandis qu'au contraire leur faire opposition, c'était se condamner à l'oubli, sinon à quelque chose de pis. En face de la puissance épiscopale ravalée, amoindrie, grandissait en force et en puissance la célèbre société protégée par Rome. Il n'y avait pas à en douter : un avenir prochain montrait le clergé séculier complètement asservi si on n'engageait immédiatement la lutte. Ainsi en jugeaient quelques hommes intelligents, au nombre desquels était mon chanoine.

Je rapporte ici, non pas mon opinion personnelle, mais le résultat de mes observations, car j'étais spectateur et auditeur assez indifférent de ces débats que l'ambition inspirait seule. Des deux côtés on voulait atteindre le même but ; seulement, il me semblait que la domination du clergé serait moins abrutissante que celle des jésuites, et, contraint de choisir des deux maux le moindre, j'eusse préféré le triomphe du clergé séculier.

Chose étrange, ces hommes ignorants du passé, oublieux des leçons de l'expérience, raisonnaient entre eux sans tenir compte du peuple. C'était une abstraction indigne de les arrêter, et ils se croyaient le droit de disposer de la nation sans même la consulter. L'heure approchait où ils allaient acquérir la preuve de leur inexplicable erreur.

Un jour le chanoine me fit demander.

— Je dois, me dit-il, assister prochainement à une réunion de membres du clergé qui tiennent encore aux libertés de l'église gallicane. Chacun y doit apporter un projet de résistance à l'ultramontanisme que les jésuites tendent à introduire partout. J'ai pensé qu'avec votre intelligence vous pourriez m'être utile en m'aidant un peu dans la rédaction du plan que je veux proposer.

J'acceptai cette tâche avec plaisir; d'abord parce que j'avais les jésuites en horreur, et qu'ensuite j'étais réellement heureux de pouvoir rendre service à mon patron.

Je me dispenserai d'exposer mon plan au lecteur; je n'ai pas d'ailleurs gardé copie de mon travail, et ce fut même l'original, écrit de ma main, que le chanoine ne prit pas la peine de copier, et qu'il laissa entre les mains de je ne sais qui, joint aux rapports de mon commensal, qui fut plus tard la cause de toutes mes tribulations.

Je me rappelle seulement que mon *factum* se résumait ainsi :

« Donner aux membres du clergé une éducation catholique et nationale. Le recruter autant que faire se pourra dans les classes aisées pour prévenir les tentations de la misère et les m vais résultats qu'amène l'absence de l'éducation de famille. Donner à tous les membres du clergé une indépendance qui les mette à l'abri de l'asservissement (je n'osai pas parler du célibat). Les relever dans leur propre estime en érigeant en règle générale l'inamovibilité, sauf les mesures à prendre contre les abus ; et, enfin, leur imposer pour devoir de ne jamais sortir de leur rôle purement spirituel pour se mêler aux luttes temporelles. »

Mon patron fut étonné de mon audace ; cependant il appuya la plus grande partie de mon projet. En le communiquant à ses collègues, il oublia de dissimuler mon nom, et cette indiscrétion me devint funeste. Dans la réunion, le malheureux plan obtint peu de succès ; on le blâma d'un bout à l'autre. Un seul point trouva grâce devant la critique : c'était l'endroit où je parlais de la suprématie possible du clergé gallican. Il y avait bien au fond de cette idée une scission avec Rome, mais on ne l'aperçut pas, ou on ne voulut pas l'apercevoir.

Bientôt après, un des membres de l'assemblée trahit le secret des conférences. Il y eut grand remue-ménage dans le haut clergé, mais la tempête n'agita que le fond du lac; la surface resta tranquille, et rien ne parut troubler, aux yeux des profanes, le calme de ses ondes.

Eviter le scandale est un des plus excellents principes du christianisme, je me plains seulement que le clergé en borne l'application à ses propres membres, et ne le pratique jamais à l'égard de la foule des fidèles.

Depuis quelque temps mes visites chez madame de D. devenaient de plus en plus rares. De son côté, Maurice, tout occupé de son prochain mariage, me négligeait beaucoup. Je n'avais pas été revoir le général. J'allais donc me retrouver isolé encore une fois, mais avec plus de force pour supporter la solitude.

Le genre de vie que j'avais adopté était très propre à calmer mes sens.

A un régime déjà très simple, je substituai un régime presque sévère : le vin fut banni de ma table ; je ne prenais que la nourriture strictement nécessaire pour me soutenir, et j'occupais sans cesse mon esprit d'études très sérieuses. Réellement chrétien, je voulus mettre en pratique les préceptes de l'Evangile, et je me répandis plus que je ne l'avais fait dans les régions de la société qu'habitent la misère et la maladie.

Je sais qu'on a reproché souvent au clergé et à ceux qui coopèrent avec lui à la même œuvre de bienfaisance, de classer les pauvres en catégories et de diriger le petit filet d'eau de la charité seulement vers les familles qui se soumettent régulièrement aux pratiques du culte.

Cet abus existe-il encore ? je l'ignore, mais je dois dire que j'en ai été maintes fois le témoin. Les aumônes servaient de moyen d'embauchage et d'appât aux congrégations. Comme on le voit, ce n'était plus de la charité.

Aussitôt que je le pus, je m'occupai de modifier en ce qui me concernait ce mode de procéder, et ma note de tolérance s'allongea de quelques lignes.

A cette époque, on ne vous demandait pas de professer sincèrement les préceptes du Christ, mais d'en simuler les pratiques. Une religion, quand elle en est là, crée des hypocrites et ne convertit plus; sa ruine alors est bien proche. C'est, au surplus, à la société des jésuites que le clergé français doit cette fâcheuse tendance à tout ramener aux formes extérieures et pour ainsi dire au culte de la matière.

Je remarquai avec douleur un refroidissement dans les sentiments d'affection que le chanoine m'avait montrés jusque-là.

Il avait paru, en désespoir de cause, abandonner les principes gallicans pour ne s'occuper que de son avancement, c'est-à-dire qu'il avait sacrifié ses convictions à l'ambition. Je m'étais permis de lui faire à cet égard quelques observations. Je devins près de lui un importun témoin du passé. Il voulut m'écarter. Il y mit toute la finesse qui caractérise le prêtre, mais je le devinai. Cependant, je ne lui en témoignai aucun mécontentement.

— Vous avez une certaine somme d'instruction, me dit-il ; vous feriez un excellent professeur de séminaire. Après quelques années de professorat, vous obtiendriez quelque retraite convenable ; et, puisque vous n'avez pas d'ambition, vous pourriez ainsi passer en paix le reste de vos jours. Je ne veux pas vous le laisser ignorer plus longtemps : vous avez des ennemis implacables qui se placeront toujours entre vous et le but que vos amis désireraient vous faire atteindre, tant que vous ne leur aurez pas donné des garanties suffisantes pour qu'ils puissent compter sur vous.

Je le compris et je me tus. La vie du séminaire ne pouvait plus me convenir, car j'avais résolu de ne plus me séparer d'Yvonne.

A défaut du chanoine, je songeai à me créer quelque autre appui.

M. de Quélen était, disait-on, Breton comme moi ; je parvins à vaincre mon orgueilleuse timidité, et j'allai m'adresser à lui. Je l'ai quelquefois entendu accuser de hauteur ; je n'eus cependant pas à m'en plaindre en cette occasion. Tandis que je lui exposais ma demande, il me considérait d'un œil scrutateur, mais pourtant bienveillant. Lorsque j'eus achevé, il me renvoya à huit jours de là pour me répondre.

En même temps, soit que mon patron éprouvât pour moi un retour de tendresse, soit plutôt qu'il eût modifié ses projets dans la crainte

d'une indiscrétion dont j'étais certainement incapable, toujours est-il qu'il se montra plus empressé que jamais.

— J'avais sollicité pour vous, me dit-il, une chaire élevée dans un de nos séminaires, mais j'ai réfléchi : vous ne vous plieriez pas à la discipline de ces maisons. Restez donc ici en attendant mieux.

La huitaine écoulée, je sollicitai une audience de l'archevêque. Elle me fut accordée ; mais, au lieu du chef, je ne trouvai qu'un subalterne, qui me dit sèchement que Monseigneur ne pouvait rien faire pour moi. Je me retirai le cœur désolé. Ma dernière espérance m'était enlevée. Je me gardai bien de parler de ma déconvenue au chanoine : il m'eût aussi probablement tourné le dos.

Dans cet état d'inaction forcée, je fis une visite à la grand'tante. Elle m'entretint longuement des vertus, de la science et de la sainteté du nouveau directeur qu'à mon refus sa nièce avait eu l'adresse de lui faire accepter par l'entremise du haut dignitaire ecclésiastique que j'avais une fois vu à l'hôtel.

Encore un appui que j'avais perdu par mon indolence. Avec un peu de savoir-faire, il m'eût été bien facile pourtant de m'attacher cette famille, et je n'avais réussi qu'à la blesser.

Au moment où je me levais pour sortir, on annonça madame de D... Elle m'adressa d'obligeants reproches sur la rareté de mes visites et essaya encore sur moi la puissance de son regard ; mais le charme était rompu, et je me retirai sinon parfaitement calme, au moins plus tranquille que je ne l'avais jamais été à la suite de nos entretiens. Désormais j'étais à l'abri de la séduction.

Je trouvai chez moi une lettre de Bretagne cachetée de noir. Je ne connaissais personne dont la mort pût m'affliger particulièrement, et cependant j'éprouvai un saisissement involontaire en rompant le cachet. La lettre était de l'inconnue, ou plutôt de Mathilde, car elle m'avouait enfin son nom et me donnait sur sa situation des détails nombreux. Que l'on me permette de citer encore cette lettre, dont je supprime seulement la partie confidentielle, pour achever de faire connaître le caractère de cette étrange femme :

« Je viens de perdre, m'écrivait Mathilde,
« l'homme qui m'a servi de père, celui près
« duquel j'ai goûté les seuls jours de paix et de
« bonheur qui m'aient été accordés sur la terre.
« La passion fatale que je nourris depuis si
« longtemps dans mon cœur, sans avoir pu la
« révéler à personne, avait créée autour de moi
« la solitude. Quand ces yeux qui m'avaient
« tant de fois contemplé avec la tendresse d'un
« père ont été fermés pour jamais, quand j'ai
« pu réfléchir, j'ai porté mes regards autour

« de moi, et je me suis vue seule, seule avec « ma douleur. O Daniel ! que j'ai été malheu- « reuse ! Si du moins vous eussiez été là, « vous... J'ai souhaité votre présence au prix « des souffrances les plus cruelles ; mais en « songeant à votre long silence, à votre ingra- « titude, à votre insouciante cruauté, j'ai re- « poussé l'idée de votre retour, et une nou- « velle douleur est venue s'ajouter à mon « désespoir...

« J'ai commencé vingt lettres ; c'était le dé- « lire qui les dictait : quand il faisait trêve, je « me hâtais de les déchirer. Combien de fois, à « genoux devant l'image chérie de celui que « j'ai perdu, les yeux baignés de larmes, ne me « suis-je pas surprise pensant à vous ! C'est « que, Daniel, je n'ai eu que deux pensées, « deux passions dans ma vie : ma profonde « tendresse pour mon vénérable père, et mon « amour insensé pour vous. Je vous ai haï, je

« vous ai maudit; j'ai demandé avec ardeur « votre éloignement; c'est moi qui l'ai pré- « paré, hâté, et cependant c'était mon cœur « que je déchirais en me séparant de vous, car « je vous aimais encore...

« Le peu de personnes qui me visitent me « trouvent aujourd'hui plus calme. Ma raison, « un moment égarée, leur paraît revenue. Je « juge mieux qu'elles de ma situation : je suis « convaincue que je suis atteinte de folie, et « cette idée n'est pas mon moindre tourment. « Quand j'aurai complètement perdu la rai- « son, on renfermera la pauvre fille isolée dans « une maison d'aliénés... Elle racontera à ses « compagnes d'infortune, aux curieux qui « visiteront la prison, ses malheureuses amours « pour un prêtre... Elle aura perdu le souve- « nir d'un père chéri; mais le vôtre survivra « à la mort de sa raison : n'est-ce pas lui qui « l'aura tuée?

« Je me sens frissonner en traçant ces li-
« gnes : je vous maudis et j'appelle sur vous
« la vengeance du ciel... Pardonnez-moi ! est-
« ce que je sais ce que je dis ? Vous savez bien
« que je mourrais si vous mourriez ; je veux
« vivre parce que vous vivez... Mon Dieu !
« mon Dieu ! mon cerveau brûle : est-ce que
« l'heure de la folie approche ?...

« Je viens de passer une longue journée à
« me promener dans ma chambre, tantôt
« morne et abattue, tantôt éclatant en sanglots,
« me jetant à terre, le front prosterné dans la
« poussière et implorant la miséricorde de
« Dieu. La fatigue et l'épuisement m'ont rendu
« le calme. A peine ai-je la force de vous
« écrire ; il le faut pourtant ; oui, il faut que
« vous connaissiez mon affreuse situation. Je
« ne puis la révéler qu'à vous seul... Dites-
« moi, Daniel, prendrez-vous compassion de
« mon sort ? Ma raison s'éteint ; viendrez-vous

« m'arracher au sort des aliénés ? Je suis ri-
« che, vous pourrez rendre ma condition plus
« douce : peut-être la certitude de vous revoir
« me sauverait-elle...

« Les parents de ma mère sont en Angle-
« terre ; ils ne me connaissent point ; ils ont
« maudit la malheureuse femme qui les aban-
« donna pour suivre l'exilé : son nom n'a plus
« été prononcé dans les réunions de famille...
« Accueilleraient-ils la fille de celle qu'ils ont
« maudite !...

« Je cesse d'écrire ; ma vue est faible, mes
« idées se confondent, un bourdonnement in-
« supportable gronde à mes oreilles ; j'ai les
« yeux brûlants et secs, et je paierais une
« larme au prix de mon sang.

« Une réponse, Daniel, une réponse, je
« vous en supplie les mains jointes.

« MATHILDE. »

Je n'essaierai pas de peindre la douloureuse émotion que me causa la lecture de cette lettre. Yvonne mêla ses larmes aux miennes, et, dans la bonté de son cœur, elle m'offrit de partir immédiatement pour Rennes, pour aller d'abord consoler Mathilde et m'informer ensuite de ce qu'il conviendrait de faire. Je lui donnai deux lettres pour Mathilde. Elle devait remettre l'une d'elles en arrivant, et l'autre plus tard si les circonstances l'exigeaient. Je voulais très sincèrement venir au secours de cette malheureuse femme, mais je sentais que je ne devais la revoir qu'à la dernière extrémité.

Le départ d'Yvonne me laissa dans un grand isolement. Je n'avais plus personne près de qui m'épancher ; mais je ne trouvai que trop vite de quoi me distraire.

Trois jours après qu'Yvonne m'eut quitté, je reçus un billet très court de madame de D....

Son contenu m'effraya. Elle me demandait avec instance de suivre le porteur de la lettre.

En entrant à l'hôtel, je fus frappé de l'air de tristesse des domestiques. Une voiture dételée était dans la cour d'entrée. On m'introduisit dans la chambre à coucher de Maurice. Les volets et les rideaux fermés laissaient à peine arriver une faible lumière. J'entendis tout d'abord le bruit comprimé des sanglots. Madame de D...., pâle, défaite, était penchée sur le lit. La grand'tante, à genoux, murmurait des prières.

— Mon Dieu! qu'est-il donc arrivé? demandai-je à voix basse et respirant à peine.

Madame de D.... se tourna vers moi. Son visage était inondé de larmes. Elle ne put que me montrer de la main le lit de son fils, et s'affaissa sur un fauteuil.

Maurice, la tête enveloppée de linges sanglants, horriblement défiguré, y était étendu.

Sa main gauche pendait hors du lit, comme si elle eût été déjà privée de vie; son œil morne et languissant laissait d'ailleurs pressentir la mort.

— Je n'ai plus de fils, me dit la mère, en se couvrant le visage de ses mains.

D'une voix sourde et entrecoupée de sanglots, la grand'tante continuait de réciter les prières des agonisants. Je me penchai vers le malade. Son regard presque éteint se fixa sur le mien; il m'avait reconnu; il fit de vains efforts pour parler. Je pris sa main dans les miennes; elle était froide, et le pouls si faible qu'on le sentait à peine... Il allait expirer...

C'était un spectacle déchirant que celui du désespoir de madame de D.... Pas de cris, pas de larmes : une douleur silencieuse, la plus affreuse de toutes.

L'obscurité de la pièce ne m'avait pas permis de remarquer un homme habillé de noir, la tête appuyée sur sa main et les yeux attachés sur le visage du mourant : c'était un médecin. Il paraissait tellement préoccupé, qu'il ne fit pas attention à moi. Madame de D.... tâchait de lire sa pensée sur ses traits attentifs et immobiles. Quelques minutes se passèrent dans un silence inquiet... Enfin, je crus remarquer un léger changement sur la figure du docteur. Il approcha l'oreille de la poitrine de Maurice, et l'écouta longtemps respirer.

— Ah ! Monsieur, dit avec anxiété la mère, pouvons-nous espérer ?

— Il faut tout attendre de la nature, répondit-il froidement. Je désire être seul veuillez donc vous retirer, mesdames... Le docteur Lisfranc tarde beaucoup, ajouta-t-il.

— Le prêtre n'arrive pas, dit la grand'tante.

Le médecin m'indiqua du doigt ; les dames sortirent. Il versa alors quelques gouttes de liqueur dans la bouche du malade, interrogea le pouls, secoua la tête et vint à moi.

— Est-ce qu'il est perdu ? lui demandai-je.

— Je le crains, me dit-il ; la blessure est affreuse ; la balle est entrée au-dessus de l'œil : je crains une lésion au cerveau.

— Comment ce malheur est-il arrivé ?

— Je l'ignore. Il a été ramené ici par des personnes inconnues, m'a-t-on dit, et n'a pu prononcer un seul mot.

— Mais les personnes qui l'ont ramené n'ont donc pas donné de renseignements ?

— Il paraît, me répondit le médecin, qu'elles ont profité du premier moment de consternation pour s'esquiver. Le fiacre est dans la cour : on a emmené le cheval. Je ne sais comment expliquer ce fait. Il y a eu duel ou assassinat ; mais je suis tenté de croire plutôt à un crime qu'à un malheur.

En ce moment le second chirurgien arriva.

Après un nouvel examen du blessé, les deux médecins s'entretinrent à voix basse. Leurs visages étaient tristes, et je n'en augurai rien de favorable pour mon jeune ami.

Un valet vint me demander à l'oreille, de la part de la grand'tante, si j'avais pu confesser le malade. Je répondis que j'épiais le moment propice. En réalité, je n'y songeais même pas : Maurice était déjà mort à mes yeux. Sa respiration devint haletante; son bras se dressa, puis retomba sur la couverture. Les médecins observaient d'un œil attentif tous les mouvements du malade. Un second soupir, mais plus faible que le premier, m'attira près du lit : la face était livide, l'œil entr'ouvert et vitreux... Maurice était mort.

A la vue de ce jeune homme naguère encore plein de force et de vie, et maintenant froid et inanimé, mes sentiments religieux se réveillèrent. J'étendis ma main sur le cadavre et j'invoquai pour son âme la miséricorde divine.

Je songeai ensuite au désespoir de la mère.

Les chirurgiens me chargèrent malgré moi de lui annoncer l'affreuse nouvelle.

Elle était en prière quand j'entrai. Je ne trouvai que des larmes dans mon cœur; ma bouche resta muette. Je me croisai les bras et je pleurai. Elle me comprit, poussa un cri et tomba raide sur le parquet. La grand'tante se leva pâle, mais encore maîtresse de sa douleur.

— Il est mort? me demanda-t-elle. Que la volonté de Dieu soit faite.

Et elle se remit à genoux, tandis qu'une femme de chambre m'aida à relever sa nièce.

Je m'informai près du valet de chambre, au moment de me retirer, de tout ce qui se rapportait au fatal accident; je ne pus rien apprendre de plus que ce que m'avait rapporté le docteur. Ce ne fut que plusieurs jours après que je sus qu'un jeune homme peu connu de Maurice avait reçu une lettre anonyme qui l'avertissait que le vicomte s'était moqué de lui et avait affirmé qu'il possédait une femme dont ce jeune homme était éperdument épris. Cette lettre avait amené des injures publiques. Maurice, insulté, demanda une réparation : un duel s'ensuivit, et l'on sait quel en fut le résultat.

Y eut-il méprise ou atroce méchanceté dans l'envoi de la lettre anonyme? je l'ignore; mais j'ai la ferme conviction que mon jeune ami était, surtout à cette époque, absolument étranger à toute aventure du genre de celle qu'on lui attribuait. Je me contenterai de rapporter ce que me dit madame de D.... peu après la mort de son fils.

— Ils n'ont pu le dépouiller, ils l'ont fait assassiner!...

Je n'osai lui demander ce qu'elle entendait par ces paroles. Je ne connaissais pas assez les secrets de la famille pour oser appliquer à qui que ce fût cette terrible accusation. Aujourd'hui encore, je n'ai que des soupçons, et ils sont trop horribles et trop vagues en même temps pour que j'en puisse dire davantage.

J'anticipe sur le cours du récit pour en finir avec cette ténébreuse affaire. La grand'tante quitta l'hôtel de sa nièce cinq semaines après, se retira dans une espèce de maison religieuse, et, si je ne me trompe, je crois avoir entendu raconter depuis qu'elle consacra à des fondations pieuses et aux séminaires toute la fortune dont elle pouvait disposer.

A partir de ce jour, je ne ressentis plus pour madame de D.... que cette affection respectueuse et tendre qu'inspire toujours le spectacle d'une douleur vraie, d'un malheur irréparable. Je la vis assiduement jusqu'à son départ pour la province. Bien des fois nos larmes se confondirent, souvent je tentai de lui adresser quelques consolations; mais, comme Rachel, elle ne voulait pas être consolée. Elle quitta bientôt Paris, et je sais qu'elle n'a pas longtemps survécu à la mort de son fils.

V

Malgré le départ d'Yvonne, départ dont il ignorait la cause, mon taciturne confrère était resté mon commensal, et se contentait du chétif ordinaire que nous préparait une vieille femme de ménage prise au hasard dans le quartier.

J'étais dans une semaine d'épreuves.

Un jour le chanoine me parut soucieux.

— Votre jésuite, me dit-il, me donne de

l'ombrage ; je voudrais bien être renseigné sur la manière dont il passe son temps. J'ai lieu de croire que votre femme de ménage est son agent au dehors et son espion au dedans. Ne serait-il pas possible, pour nous éclairer, de mettre la main sur la correspondance de votre pensionnaire?

Cette question m'indigna. Le chanoine ne fit qu'en rire.

— Qui sait, me dit-il, s'il a été plus scrupuleux vis-à-vis de vous, et s'il ne surveille pas vos actions? Quand on nous attaque dans l'ombre, c'est dans l'ombre qu'il faut nous défendre. N'ayez donc pas de préjugés d'honneur à l'endroit de ces taupes.

Comme il vit que je ne me rendais pas, il me pria de m'absenter le lendemain et de lui indiquer seulement les heures auxquelles le jésuite sortait ordinairement. Je ne vis pas d'inconvénients à le satisfaire.

Le lendemain, en effet, j'avertis la femme de ménage que je ne dînerais pas à la maison. Quand je rentrai le soir, je trouvai la maison sans dessus dessous, et mon jésuite dans un incroyable état d'irritation.

Voici ce qu'on m'apprit :

Pendant la journée, trois couvreurs avaient apporté leurs échelles et étaient montés sur la toiture. Mais ce n'était là qu'un prétexte. Un carreau de la fenêtre de mon confrère avait été adroitement enlevé, son secrétaire brisé, et sa correspondance enlevée. On avait bien fait une tentative chez moi, mais le bruit avait attiré la femme de ménage et les voleurs s'étaient enfuis, laissant leurs échelles dans la cour. Il y avait eu à la suite descente du commissaire de police, procès-verbal et interrogatoire. En un mot, toutes les formalités exigées en pareil cas avaient été remplies. Les échelles elles-mêmes avaient été emportées comme pièces de conviction.

J'admirai l'habileté et la promptitude du chanoine, car je ne doutai pas un instant qu'il ne fût le directeur de l'expédition. Après avoir causé quelques moments avec mon jésuite, je montai dans ma chambre pour examiner le dégât. A la simple inspection des lieux, je jugeai qu'on avait voulu seulement attirer l'attention de la femme de charge du côté de mon appartement pour me mettre à l'abri de tout soupçon de la part de ceux qui porteraient leurs investigations sur cette affaire.

Il me tardait d'aller voir le chanoine ; mais j'attendis l'heure ordinaire de mes visites du soir. Je le trouvai d'une gaîté folle. Moi, j'étais un peu effrayé pour lui de l'enquête du commissaire, et surtout de la saisie de ces échelles, qui permettrait peut-être de trouver les traces des auteurs de la soustraction.

— Bah! me dit-il, qui sait si ceux qui ont emporté les pièces de conviction n'étaient pas ceux-là même qui les avaient apportées?

Je n'avais pas l'air de comprendre.

Alors il m'avoua que la pièce avait été jouée par des agents du service de sûreté, sous la direction d'un homme fameux dans les fastes de la police. Je ne m'étonnai plus alors de la sécurité du chanoine; mais ce n'était pas une raison pour l'absoudre d'une action coupable, et je le lui dis franchement.

— Attendez, me répondit-il, je vais vous montrer de quoi me mériter votre indulgence.

Il poussa le verrou de la porte, ouvrit son secrétaire et en tira une liasse de papiers. A la trente-deuxième ou trente-troisième page d'un volumineux cahier, il me montra un chapitre qui me concernait. Je ne dus pas être très satisfait de la façon dont le jésuite me traitait. Une partie de ma vie était relatée dans ces notes, et présentée sous le jour le plus défavorable. De plus, j'étais taxé de tendances libérales et de jansénisme. Je ne pus retenir mon indignation.

— Ne vous emportez pas, me dit le chanoine, vous êtes en bonne compagnie. Vous voyez que je figure en tête de l'article consacré au clergé de la paroisse, et que personne n'est épargné.

Il me lut, en effet, plusieurs passages, mais il ne jugea pas à propos de me lire ce qui le concernait.

— Vous n'êtes pas au bout, ajouta le chanoine.

Il me fit passer le registre, et j'y trouvai les noms de gens que je devais croire à l'abri de la surveillance. Cependant leurs faits et gestes, leurs intrigues, leurs faiblesses y étaient relatés tout au long.

— Que pensez-vous d'une pareille organisation ?

— Je pense, répondis-je, qu'il faudrait charger les jésuites de la police du royaume.

— Elle ne serait pas aussi bien faite, reprit le chanoine d'un ton sérieux ; car ils n'auraient plus à leurs ordres les congrégations d'hommes et de femmes de tout étage, certains établissements de charité, et enfin les domestiques, les dévotes.

Je n'oserais pas affirmer qu'il ajouta : et la confession !

Le chanoine, je l'ai déjà dit, était partisan des libertés gallicanes. A ce titre il n'aimait pas les jésuites, qu'il regardait comme les seuls propagateurs de l'ultramontanisme du royaume ; mais il avait encore d'autres griefs contre eux : ils avaient mis quelque entrave à son ambition, et ils portaient un œil beaucoup trop curieux sur sa conduite privée.

Restait à se venger.

Le chanoine découpa en petits carrés de papiers les notes concernant une vingtaine de grands personnages très partisans des jésuites et très haut placés, puis il les mit sous enveloppe à l'adresse de chacun, et les jeta à la poste. Pour que l'on ne se trompât pas sur le biographe, il avait écrit en marge, en déguisant son écriture, le nom, le domicile et la profession de mon commensal.

Il doit se trouver encore à Paris des ecclésiastiques et d'autres fonctionnaires qui se rappellent la rumeur que produisit la cruelle vengeance du chanoine. Il est bien entendu que lui et moi reçûmes notre chapitre. Le scandale fut tel dans le monde des sacristies, que le jésuite ne put reparaître. Le surlendemain, il me solda froidement le prix de sa pension et fit enlever ses effets : il partait pour le midi de la France.

Je n'étais pas satisfait de ma conduite ; ma conscience me reprochait ma participation indirecte à une mauvaise action ; mais de nouvelles préoccupations étouffèrent bientôt ces remords.

Je reçus, à cette époque, une première lettre d'Yvonne. Mathilde avait d'abord reçu avec froideur ma gouvernante, puis elle s'était prise peu à peu d'amitié pour elle, et enfin elle avait fini par l'admettre dans sa plus étroite confiance. Du reste, elle n'avait pas exagéré la fâcheuse situation de son esprit. Yvonne était effrayée de sa tristesse profonde et de son morne accablement :

« Sans cesse, me disait ma vieille amie, elle
« parle des tourments de sa première jeunesse,
« mais elle ne prononce jamais votre nom.
« Elle passe son temps à écrire, et ensuite elle
« brûle ses lettres. Elle deviendra folle, si Dieu
« ne prend pitié de nous. Cependant, ajoutait-

« elle, je n'ai pas encore perdu toute espérance,
« et je vous promets que je ne la quitterai que
« morte ou guérie. Enfin, me disait-elle en
« terminant, je ne vous conseille ni de venir,
« ni de lui écrire. »

A dire la vérité, je n'éprouvais aucun désir d'aller à Rennes. J'aurais trop souffert en voyant de près des souffrances que ma présence ne pouvait qu'envenimer au lieu de les adoucir. D'ailleurs, Mathilde avait près d'elle Yvonne, et je m'en remettais sur elle avec assurance du soin de la soigner et de la guérir. Ne connaissais-je pas sa bonté, son intelligence, son adresse et son dévouement ?

Je restai ensuite très longtemps sans recevoir des nouvelles de Bretagne ; le silence d'Yvonne m'inquiétait ; enfin, il m'arriva une lettre. Lorsque j'eus entre les mains ce papier que j'attendais avec tant d'impatience, je n'osai l'ouvrir : il me semblait qu'il m'apportait quelque malheur. Mes pressentiments ne me trompaient pas.

Mathilde avait conservé la raison, mais son intelligence s'était tellement affaiblie, sa force d'âme avait été si durement éprouvée qu'elle s'était jetée de désespoir dans la dévotion. Elle s'y était abandonnée avec toute l'exaltation de son caractère passionné, et, par une fatalité inouie, mon plus cruel ennemi était devenu son directeur de conscience..... J'ai nommé l'abbé Matelin, alors curé inamovible à Rennes, et tout aussi fanatique que par le passé.

Ce dernier coup manquait à mon infortune. Yvonne, en me parlant du curé Matelin, savait bien le mal que me faisait ce nom ; mais elle comptait sur mon horreur pour cet homme, pour me décider à rompre définitivement avec Mathilde. L'intérêt qu'elle portait à cette jeune femme n'était plus exprimé avec autant de chaleur que dans les lettres précédentes. Elle semblait s'être aperçue que Mathilde lui retirait de sa confiance à mesure qu'elle en accordait davantage à Matelin.

Celui-ci suivait la marche ordinaire des prêtres qui veulent s'emparer de l'esprit d'une femme. Il éloignait d'elle la seule personne qui s'intéressât à elle ; il l'isolait pour l'avoir tout entière à sa disposition.

Ainsi que j'ai eu occasion de le dire, j'avais été amené, sans le désirer, à me mêler d'une intrigue dont le chanoine était le héros. Il crut voir en moi un rival, ses soupçons s'éveillèrent et je compris que j'avais un ennemi de plus.

Peut-être ai-je tort de le soupçonner d'avoir été l'auteur de la disgrâce qui m'atteignit sur ces entrefaites et du mauvais accueil que me faisaient depuis quelque temps les ecclésiastiques que je visitais ? toujours est-il que la confession me fut interdite et qu'on me déchargea du soin de veiller à l'emploi des secours distribués aux indigents de la paroisse, sans que je pusse obtenir une seule explication. Bien plus, quand je me trouvais avec mes confrères, je voyais des regards peu bienveillants se tourner de mon côté : la plupart évitaient même de s'entretenir avec moi.

Cet état de choses me devint à charge et je résolus d'interroger nettement le chanoine à ce sujet. Il parut tout aussi surpris que moi, et se jeta dans le champ des vagues hypothèses pour essayer de dérouter mes soupçons. J'insistai en le ramenant sur le véritable terrain de la discussion. La conversation s'aigrit et nous nous quittâmes en très mauvais termes.

La nuit porte conseil : dès le lendemain matin le chanoine était chez moi. J'étais maître d'un secret trop dangereux pour qu'il risquât une rupture ouverte. Il m'aborda de l'air le plus amical du monde.

— Nous nous étions emportés tous les deux et nous avions eu tort, moi de le soupçonner, lui de ne pas se justifier. Il pouvait me prouver jusqu'à l'évidence qu'il n'était pour rien dans les mesures prises contre moi... Je devais me rappeler que j'avais été taxé de tiédeur et de jansénisme à une époque où le clergé allait reprendre son ancienne puissance ; or, l'autorité supérieure ne voulait appeler au partage de ses faveurs que ceux qui lui en paraissaient dignes par leur incontestable fidélité... Il déplorait sincèrement l'erreur dont j'étais la victime : il l'avait combattue, mais il n'avait pu encore la détruire : il gardait l'espérance d'y parvenir. Toute chance n'était pas perdue pour moi. Mon instruction, mes dispositions naturelles, la pureté de mes mœurs devaient me donner confiance ; mais, au lieu de le soupçonner et de m'éloigner de lui, il fallait l'aider à opérer l'œuvre si difficile de ma réhabilitation, etc., etc...

Tout cela était dit d'un ton si persuasif et si simple en même temps, que j'eus besoin de me tenir sur mes gardes pour ne pas m'y laisser prendre. Je feignis, du reste, d'ajouter pleinement foi à ces assurances de dévoûment, et nous nous séparâmes en apparence meilleurs amis que jamais.

Le chanoine voulait donc me perdre. Je le soupçonnais ; mais, avec toute ma défiance, je me laisse facilement abuser par de beaux semblants, et ma prudence s'endort lorsqu'on sait feindre longtemps avec moi. Douter toujours me lassait, et je ne demandais pas mieux que de penser que je m'étais trompé sur le compte du chanoine. Il s'aperçut du succès de sa ruse, et, décidé à consommer ma ruine, il me tendit un piège dans lequel je tombai comme un véritable écolier.

Voici comment :

Depuis plusieurs années, de hauts dignitaires ecclésiastiques publiaient de petites brochures pour la défense de la religion chrétienne, (que personne n'attaquait), pour la propagation de la foi, etc. Tous ces beaux titres n'étaient qu'un prétexte dont les écrivains se servaient pour dissimuler leur véritable but. Ce qu'on voulait, c'était la destruction de l'Université. Aux yeux de ces messieurs, c'était faire œuvre pie, assurer les mœurs, fortifier la religion expirante et raffermir l'autel et le trône, que de confier l'éducation publique aux soins des saints disciples de Loyola. Or, il arrivait de toutes les provinces, — on ne parlait pas des départements, institution abominable et révolutionnaire, — il arrivait de toutes les provinces des projets d'organisation, des diatribes contre l'instruction laïque et des peintures de cette éducation à faire dresser les cheveux sur la tête. Un jésuite, entre autres, disait, dans une lettre que j'ai eue sous les yeux, que si les générations continuaient à être élevées par l'Université, Satan serait obligé de traiter avec le Père Eternel pour obtenir une concession de territoire qui lui permît d'agrandir son enfer. On rit beaucoup de cette idée ; mais elle peint parfaitement les tendances de l'époque.

Tous ces projets, pétitions, critiques, satires et pamphlets étaient remis aux gros bonnets, qui en faisaient eux-mêmes ou qui chargeaient quelqu'un d'en faire le triage. Ils composaient ensuite avec cela leurs petites brochures, les livraient à l'impression et les envoyaient, comme la manne du désert, aux fidèles qui les répandaient avec profusion dans le public.

Un matin, le chanoine vint me trouver. Il me parut fort empressé et rayonnant de joie. Niais que j'étais ! j'avais oublié l'histoire du memoire sur les libertés de l'église gallicane.

— Mon cher abbé, me dit le chanoine en se frottant les mains, j'ai saisi une excellente occasion de vous mettre en évidence. Le clergé est partagé au sujet de l'instruction publique. Les uns, et c'est la majorité de l'aristocratie cléricale, pensent qu'il faut marcher avec son siècle, et qu'une éducation exclusivement ecclésiastique ne convient pas à la France ; les autres, — et je ne vous dissimule pas que parmi eux se rencontrent des hommes très recommandables et d'une grande autorité dans la matière, — les autres sont d'avis que pour régénérer une nation démoralisée par la révolution, il faut livrer les jeunes générations tout entières aux pères de la foi. J'ai été chargé d'un travail préparatoire sur cette question, il s'agit de mettre en regard les vices et les avantages de l'instruction publique confiée aux laïcs, et les chances de succès de cette même éducation remise entre les mains du clergé. Je connais votre science (il me savait gnorant comme un curé de campagne), la perspicacité de votre esprit (il me traitait comme un sot), votre laborieuse patience de bénédictin ; il faut que vous me débrouilliez ce chaos et que vous y joigniez vos propres idées, vos observations et même vos critiques. Je ne vous ravirai pas l'honneur et le profit que vous pouvez retirer de votre ouvrage, vous pouvez en être certain.

Bref, il s'y prit si bien que j'entrai dans ses vues. J'étais plein d'illusions et désireux surtout d'obtenir par mon travail la seule récompense que j'ambitionnais : l'inamovibilité. C'était, d'ailleurs, le seul moyen d'échapper aux inquiétudes, aux soucis qui me rongeaient.

Me voilà au milieu de documents, les uns stupides, les autres astucieux, rarement sincères, débrouillant, classant, analysant, prenant des notes. J'eus grand'peine à me reconnaître au sein de cet océan de contradictions et de folies, au sein duquel surnageaient cependant deux idées bien nettes et bien claires: d'une part, la destruction de l'Université laïque, et, de l'autre, le monopole de l'instruction en faveur du clergé. Je m'attachai à l'examen de ces deux points capitaux, que je résolus selon la voix de ma conscience et les lumières de ma raison.

Les lecteurs me sauront gré de leur épargner la fastidieuse reproduction de mon mémoire. Ses conclusions leur en feront d'ailleurs suffisamment deviner l'esprit:

« Le clergé, dans l'intérêt de la religion, doit se renfermer exclusivement dans le cercle tracé par le saint ministère. Il faut confier l'instruction publique à des institutions laïques vigoureusement reliées entre elles, et incessammment soumises à la haute direction de l'État.

Le chanoine, qui connaissait mes tendances et la nature de mes opinions, s'attendait bien à quelques écarts de ma politique ; mais il fut surpris et presque effrayé en apparence de mes conclusions.

— Je prends cependant votre travail, me dit-il. J'élaguerai tout ce qui pourrait vous nuire dans l'esprit de ces messieurs, et je ne mettrai sous leurs yeux que ce que je trouverai de bon... et il y en a, ajouta-t-il en me frappant amicalement sur l'épaule.

Il me mentait indignement... Mon manuscrit, d'abord communiqué mystérieusement à quelques personnes, passa bientôt de main en main jusqu'à ce qu'il arrivât à l'archevêque...

Je fus suspendu avec interdiction de la messe et de tout ce qui constitue les fonctions du prêtre et mis à *l'index*.

Mon chanoine feignit d'être désolé, m'offrit sa bourse, me proposa son intervention auprès d'un évêque de ses amis dans le midi de la France ; mais, peu à peu, il me devint presque impossible de le rencontrer lorsque je me présentais chez lui ; il était devenu invisible.

Le coup qui me frappait était si inattendu qu'il m'atterra. Rester à Paris ne m'était plus possible. Il y coûte cher vivre et mes ressources ne me permettaient pas de suffire aux dépenses nécessaires. D'ailleurs qu'avais-je à y attendre et à y espérer ?

Ne sachant que faire de mon temps, car il m'était impossible de travailler, je fis des visites. Quel mauvais ange m'avait inspiré cette idée ? On m'accueillit partout, et surtout chez mes confrères, avec une froideur glaciale. Je portais au front le signe de la réprobation. Cette dernière épreuve acheva de m'abattre : les pensées les plus sinistres m'assiégeaient comme aux jours de mes désespoirs d'amour, mais plus graves et plus profondes.

Une lettre d'Yvonne y fit un instant diversion. La pauvre fille était malade. Mathilde paraissait plus entichée que jamais de l'abbé Matelin. Elle conservait toujours un grand fonds de mélancolie et se plaisait à parler quelquefois de moi à Yvonne. Par ordre de son directeur de conscience elle avait brûlé toutes ses correspondances ; elle visitait les hospices et répandait des aumônes avec une véritable prodigalité. Yvonne soupçonnait qu'on voulait l'amener à faire une donation de ses biens au clergé. Ma gouvernante aurait bien voulu que je combatisse ce projet; mais elle ne savait comment je pourrais m'y prendre sans renouer des relations qu'elle tenait à rompre sans retour. Enfin elle me communiquait une idée qui lui paraissait propre à déjouer les intrigues de Matelin. Il fallait que j'écrivisse aux parents de Mathilde, dont elle me donnait les adresses et les noms, et que j'essayasse de les intéresser au sort de cette malheureuse jeune femme. « Peut-

« être, me disait-elle, en apprenant qu'elle est « riche, seront-ils mieux disposés à venir à « notre aide. »

Ce projet me parut convenable et je me promis de le mettre à exécution. Je répondis à Yvonne, et je lui fis part de ma disgrâce. Quelques jours s'écoulèrent. Un volumineux paquet m'arriva de Rennes ; il contenait deux lettres : l'une de Mathilde et l'autre d'Yvonne, qui servait d'enveloppe à la première.

Ma bonne gouvernante m'annonçait que, désespérant de rétablir sa santé, elle avait pris le parti de quitter la maison de Mathilde et de se retirer dans la paroisse de M. Pointel, où elle possédait une petite propriété qui devait suffire à ses besoins. Il paraît qu'elle n'avait pas reçu ma dernière lettre, car elle ne m'en parlait pas. Elle me conseillait, en cas de nouveaux malheurs, d'aller la rejoindre pour vivre près d'elle dans la paix et l'obscurité.

La seule personne qui m'eût constamment entouré de tendresse et de soins s'éloignait de moi. Le cercle de ma solitude s'élargissait. Je me sentis saisi d'une invincible tristesse et je pleurai. C'était une sorte de préparation aux émotions que j'allais ressentir en lisant la lettre de Mathilde. Je la cite encore parce que c'est la dernière que j'aie reçue d'elle. En plus d'un endroit, je reconnus le style et les inspirations de mon ancien condisciple Matelin.

« Daniel, me disait-elle, Dieu m'avait mise « au monde pour le servir ; je me suis détour- « née des voies droites ; je suis descendue au « fond de la vallée de larmes, et je me suis « assise dans l'amertume de ma douleur pour « pleurer le ciel, qui serait notre patrie à tous, « si le démon jaloux n'écartait du véritable « sentier les faibles créatures, par les plus « dangereuses tentations.

« Je vous écris malgré les avis de mon di-

« recteur. Dieu me pardonnera la dernière « faute commise en quittant la voie mondaine ; « il ne s'irritera pas de voir Madeleine repen- « tante jeter un dernier regard sur ses égare- « ments passés pour les maudire encore.

« Quand vous recevrez cette lettre, les por- « tes d'un saint asile se seront refermées sur « moi, et je serai morte à la vie. Adieu, vous « que j'ai aimé d'un trop vif amour, vous dont « l'image, depuis que je vous ai vu pour la « première fois, a occupé mon cœur comme « Dieu seul devait le faire. Je vais racheter « mes fautes dans les larmes et les privations. « Que la sainte miséricorde accomplisse son « œuvre. Puisse aussi la grâce divine vous « toucher et vous ramener au repentir : nous « nous retrouverions un jour dans le ciel.

« Adieu, Daniel. »

Il y avait longtemps que je n'avais entendu

parler du chanoine lorsqu'il m'adressa l'invitation de l'aller voir : je me rendis chez lui sur-le-champ ; il avait un air prodigieusement soucieux.

— Mon cher abbé, me dit-il, j'ai le regret de vous apprendre que votre conduite (je dois rappeler entre parenthèses, qu'embarrassé de mon temps, ne sachant qu'en faire et à quelle résolution m'arrêter, je passais mes journées à courir la ville et à visiter tous les gens que je connaissais), vos allées et venues continuelles ont inspiré des soupçons à l'autorité supérieure ; vous allez vous trouver exposé à des mesures exceptionnelles. Heureusement, j'en ai été informé par un hasard dont je remercie la Providence, et je vous offre les moyens de vous soustraire à une persécution dont je ne comprends pas la cause.

Aux objections que je lui fis, le chanoine me répondit, que je ne trouverais nulle part de protection contre les mesures rigoureuses dont j'étais menacé, et que je devais savoir qu'il n'y avait pas d'autorité qui osât contredire celle du clergé.

Je demandai alors au chanoine quel était le moyen qu'il avait de me soustraire à la persécution.

— Mais ne vous ai-je pas promis l'appui de mon ami l'évêque de...?

Ce fut pour moi un trait de lumière, et je fus tenté de répondre que je ne me souciais pas d'être envoyé, comme un condamné libéré, en surveillance dans une localité déterminée dont je ne pourrais m'écarter sans encourir les peines portées pour rupture de ban. La prudence retint ma langue et j'acceptai, le laissant bien convaincu que j'allais m'échapper au plus vite par la porte du salut que sa feinte bienveillance ouvrait devant moi, et le mettre ainsi à l'abri des inquiétudes qu'il n'avait pu s'empêcher de concevoir en voyant que, malgré ma disgrâce, je ne continuais pas moins d'habiter Paris.

En rentrant chez moi, je mis de l'ordre dans mes papiers ; j'emballai mes bagages, non pour me rendre dans le Midi, mais seulement pour prendre domicile dans un autre quartier de Paris. Je trouvai dans une maison solitaire un logement convenable, et je m'y installai sous un autre nom que le mien. J'avais quitté la soutane et revêtu l'habit laïc.

Toutes ces précautions étaient prises en vue d'échapper à l'hostilité de l'archevêché, si en effet il avait l'intention de sévir contre moi, et surtout dans le but de faire perdre ma piste à mon excellent ami le chanoine.

VI

Je vivais très solitaire, et ne sortais que rarement et le soir. Pendant une nuit, vers une heure du matin, j'étais couché, cherchant vainement le sommeil, lorsque je crus entendre le bruit d'une clé tournant lentement dans ma serrure.

— Je me trompe, pensé-je.

Le même bruit recommença, et je devins attentif. Je n'avais pas poussé les verroux ; je me levai et allai doucement les tirer ; puis je mis l'oreille à la serrure : quelqu'un était de l'autre côté de la porte et cherchait évidemment à l'ouvrir. J'éprouvais une certaine frayeur, je dois l'avouer. Je savais que mon appartement était éloigné de tout secours...

Cependant la précaution que je venais de prendre rendait inutiles les tentatives faites pour crocheter la serrure. Le voleur sembla se décourager ; j'écoutai un moment, et n'entendant plus rien, je me crus débarrassé et je regagnai mon lit.

Je me recouchais quand un petit bruit que j'entendis dans la direction de la porte, ramena mon attention de ce côté. On la perçait avec une vrille dans la partie où le verrou supérieur était attaché. Cette obstination m'effraya ; j'eus envie de crier au secours, et je courus, en faisant le moins de bruit possible, à une fenêtre qui s'ouvrait sur une petite cour donnant sur des jardins. A l'instant où j'allais tourner l'espagnolette, une tête d'homme m'apparut à travers la vitre. J'ouvris vivement, et saisissant cette tête par les cheveux, je la secouai avec tant de violence, que je précipitai le malheureux assaillant de la hauteur d'un premier étage. J'entendis le bruit d'un corps tombant lourdement sur le pavé, puis celui du rafflement d'une échelle contre la muraille ; mais pas un cri, pas une plainte. Je n'osais me pencher en dehors de la fenêtre ; cependant je crus distinguer deux hommes s'enfuir par le jardin. Ils disparurent dans l'obscurité, et le reste de la nuit se passa sans accident.

Au point du jour je descendis dans la cour, et je reculai épouvanté à la vue d'un cadavre entièrement nu, étendu sur le dos et horriblement mutilé. Le sol était couvert de sang. Je courus à la loge du portier, et j'envoyai chercher le commissaire de police du quartier.

Je n'ai eu que deux fois affaire à ces magistrats, et la dernière a suffi pour me faire perdre l'envie de jamais me trouver en contact avec eux.

Je fis ma déclaration sous le nom d'emprunt que j'avais pris en entrant dans la maison. Je ne me doutais pas que je me compromettais gravement. Trois heures après le départ du commissaire, deux agents de police vinrent m'empoigner et me conduire au dépôt de la préfecture. J'eus beau réclamer.

— Vous vous expliquerez, là-bas, me répondaient-ils imperturbablement.

Il me semblait que j'aurais dû être conduit préalablement chez le commissaire ; je le demandai instamment, mais on ne daigna pas m'écouter.

Nous étions au 26 juillet 1830.

On me jeta dans une salle où je me trouvai

au milieu de la plus abominable compagnie qu'on puisse imaginer.

Vainement je réclamai un interrogatoire ; on me riait au nez en me répondant brutalement que mon teint ne se fanerait pas à l'ombre. Habitué à la résignation, je m'assis dans un coin et ne bougeai plus. On vint enfin me chercher ; il était environ trois heures de l'après-midi. Le juge d'instruction me sembla prévenu contre moi ; il m'écouta à peine, et me déclara qu'il ne pourrait me faire relâcher qu'après avoir reconnu mon identité. — Je frémis à ces mots : mon changement de nom et de costume pouvaient devenir des armes contre moi. D'un autre côté, le procès-verbal du commissaire avait été dressé par un sot ou un méchant ; de telle sorte que je me voyais à la veille d'être accusé d'assassinat. J'obtins cependant d'être mis dans une chambre particulière. Je passai ainsi une fort mauvaise nuit.

Le lendemain, il y eut un remue-ménage singulier dans la prison. Des piquets de soldats furent placés en différents endroits : c'étaient des allées et des venues à ne point en finir.

J'écoutais : une grande rumeur arriva à mes oreilles, semblable à la voix des flots soulevés par les marées d'automne ; puis le bruit des décharges de mousqueterie. Un vacarme assourdissant retentissait dans la prison. Au milieu des hurlements des détenus, je distinguai des pas mesurés de soldats et les menaces des porte-clés. Les rumeurs du dehors allaient croissant et semblaient se rapprocher de la préfecture. Enfin une clameur immense domina tous les bruits : des crosses de fusil tombèrent avec ensemble comme au commandement d'un chef. On ouvrit des portes, on en brisa d'autres, et j'entendis comme les efforts d'une mul titude qui se ruait dans la prison. Un gardien tout effaré se présenta dans ma chambre.

— Sauvez-vous, si vous pouvez ! me dit-il.

En une seconde je fus dehors.

La révolution avait commencé. Je n'essaierai pas de la décrire ; qu'il me suffise de dire que je partageai les fatigues de cette admirable population parisienne qui, pendant ces trois grandes journées, lutta au prix de son sang pour la liberté.

Peu de mots m'avaient suffi pour me mettre au fait en sortant de prison. Tout ce qui s'était passé depuis quelque temps ne m'avait que trop bien disposé à partager la haine générale contre un gouvernement où mes persécuteurs trouvaient leur appui. L'exemple des ouvriers m'électrisa, et je me trouvai, sans y penser, derrière une barricade. Ma maladresse à manier un fusil, m'avait fait reléguer aux rangs des travailleurs, lorsqu'au milieu d'un engagement, une balle me frappa au-dessous de la dernière côte droite. J'attendis dans la rue jusqu'à ce qu'on pût me transporter dans un hôpital...

Me voilà donc gisant à côté d'un ouvrier blessé comme moi ; mais les soins ne nous manquèrent pas.

Il serait impossible de se faire une idée de ce qu'était un hôpital en ce moment. Celui dans lequel je me trouvais était encombré et très bruyant; on entendait à peine de temps à autre une plainte au milieu des récits de bataille qui se croisaient de toutes parts. C'est qu'il n'y avait pas un seul corps qui ne se fût trempé de sueur dans la lutte populaire, pas un bras qui n'eût soulevé un pavé ou manié un fusil, pas une blessure qui ne fût glorieuse. . . . . .

Je restai longtemps malade ; enfin je sortis, et je songeai à regagner mon ancienne demeure. J'y appris qu'une jeune fille était venue demander vingt fois de mes nouvelles : c'était Rose. Elle avait quitté depuis assez longtemps la maison où madame de D... l'avait placée, et était entrée au service d'un homme qui joua à la révolution de Juillet un rôle important. Elle me visitait assez souvent.

Je m'intéressais à cette bonne petite fille, dont le naïf dévouement m'était depuis longtemps acquis, et je lui fis dire que j'étais de retour. J'avais besoin de consolations et d'affection ; car, à peine sorti de l'hôpital, j'avais reçu la triste nouvelle de la mort d'Yvonne.

Cette femme excellente était morte dans les premiers jours d'août. J'eus peu de détail sur ses derniers moments. Le funeste avis m'était donné par le notaire qui avait reçu ses dispositions testamentaires ; Yvonne me léguait une somme de trois mille francs. Ainsi sa sollicitude pour moi ne m'avait jamais abandonné : elle était depuis mon enfance mon ange gardien et même après sa mort elle voulait encore m'être utile. J'allais me trouver livré à moi-même : j'étais perdu. Il me serait impossible de peindre la douleur qui s'empara de moi. Cette mort laissait un tel vide dans mon existence, que je n'avais plus le courage de continuer de vivre. Je crois que je n'aurais pas pu pleurer plus amèrement la mort de ma mère. Ma blessure se rouvrit, et je fus obligé de garder le lit. Rose vint s'installer près de moi en qualité de garde-malade. Ses récits, ses soins, l'affection qu'elle me témoignait, apportèrent peu à peu quelque amélioration à mes souffrances morales et physiques.

Qu'on n'aille pas s'imaginer que l'attachement de cette jeune fille dépassât les bornes de l'amitié la plus pure. L'habitude de vivre ensemble, la reconnaissance qu'elle croyait me devoir lui avaient inspiré pour moi un sincère dévouement, et elle m'était devenue nécessaire, parce que je pouvais parler avec elle d'Yvonne et me livrer à mes regrets sans gêne et sans contrainte. Rose avait quitté sa condition et s'était mise en pension chez une lingère pour laquelle elle travaillait.

Lorsque je me sentis bien portant, il me vint à l'esprit de revoir mon chanoine et de m'aider de sa protection pour être réintégré dans une cure aux environs de Paris, car je m'étais fait une habitude de vivre dans l'atmosphère de la grande ville. Je n'avais pas à choisir : le chanoine pouvait seul me servir, et je me promis de me conduire vis-à-vis de lui selon qu'il se montrerait franc et loyal ou malveillant et dissimulé. Il me fallut reprendre mes anciens habits. En endossant la soutane, il me sembla que je me mettais la chaîne au cou.

En entrant chez mon ancien patron, je fus frappé des changements qui s'étaient opérés dans l'intérieur du chanoine : les domestiques avaient perdu cet air d'assurance hautaine qui les distinguait auparavant ; les appartements eux-mêmes étaient dégarnis des riches cadres, des meubles somptueux qui en faisaient naguère l'ornement. Le chanoine redoutait-il qu'on mît sa maison a sac comme l'archevêché, ou bien s'autorisait-il de l'apparence du deuil pour pleurer ses espérances déçues, comme les Hébreux sur les fleuves de Babylone ?

Il était seul dans son cabinet de travail. A mon arrivée, et avant de m'offrir un siége, il serra précipitamment des papiers dans son secrétaire. Son abord fut triste, presque froid ; cependant il me sembla que ma visite ne le contrariait pas trop.

— Comment avez-vous traversé ces jours malheureux ? me demanda-t-il en poussant un soupir.

— Mon peu d'importance et peut-être aussi ma disgrâce m'ont mis à l'abri de l'orage, répondis-je, et je viens vous demander si le jour de la réhabilitation est arrivé pour moi.

Il appuya son front sur sa main, et, après un instant de réflexion :

— Dieu veut éprouver son église, reprit-il ; elle doit pardonner à ses enfants. Que pourrais-je pour vous ?

A ce mot de pardon, le rouge me monta au visage ; je sentis la colère bouillonner dans mon sein. Cependant je pus me contenir.

— Je voudrais, répondis-je, connaître les causes qui ont motivé les mesures prises contre moi, recevoir la faculté de me justifier et enfin obtenir une position qui me permît de vivre d'une manière convenable.

— La dernière partie de votre demande me paraît seule réalisable. Quant aux deux premières, je vous l'ai déjà dit avant ces jours malheureux, — il leva les yeux au ciel et soupira, — j'ai inutilement cherché les causes de votre disgrâce et demandé, pour moi autant que pour vous, le moyen de vous défendre. J'y ai perdu ma peine.

J'allais éclater. Il lut sans doute dans mes yeux le violent effort que je faisais pour comprimer ma colère, et il se hâta d'ajouter :

— Vous ne devez pas douter de ma bonne volonté et de mon dévouement. Quelles démarches voulez-vous que je tente encore en votre faveur ?

Je m'étais levé et j'arpentais la pièce à grands pas, cherchant à maîtriser mon agitation. Enfin je vins me rasseoir et je lui dis :

— Vous avez parlé de pardon à propos du coup dont j'ai été victime : je ne veux pas de ce pardon avant de savoir quel est le crime que j'ai commis. Quant à me justifier, si je ne le puis devant l'autorité ecclésiastique, eh bien!

je l'essaierai devant l'opinion publique, que je prendrai pour juge...

— Ah! malheureux, interrompit le chanoine en pâlissant, dans un moment où l'église a besoin du secours de tous les siens, vous allez vous mettre en rébellion contre elle. Mais vous êtes donc abandonné de la grâce?

Cette apostrophe dans sa bouche me calma; je fus sur le point d'éclater de rire.

— Si l'église a besoin du secours de ses enfants, repris-je, pourquoi les frappe-t-elle comme une marâtre impitoyable? Vous parlez de révolte; mais elle est juste contre l'oppression... La grâce! dites-vous? Mais rappelez-vous donc, Monsieur, les augures dont parle Cicéron.

Il laissa retomber ses bras et me regarda tout ébahi.

— D'où venez-vous? s'écria-t-il. Où avez-vous vécu depuis votre disparition? Vous avez le langage du siècle, l'assurance de l'impie et l'audace du...

Il n'osa pas achever.

— Je terminerai la phrase, répliquai-je. Et l'audace du profond hypocrite qui perd un homme en lui serrant affectueusement la main, qui veut l'éloigner afin de se débarrasser d'un témoin opportun, et qui pousse la duplicité jusqu'à vouloir lui persuader qu'il va s'intéresser à lui quand peut-être il médite les moyens de l'accabler davantage... Cela vous étonne, Monsieur ; mais, écoutez, je n'ai pas tout dit.

Alors je lui prouvai, pièces en mains, qu'il était le seul auteur de ma disgrâce ; et, en lui rappelant ce qui s'était passé à propos de la femme avec laquelle il avait été lié, je lui démontrai que j'étais maître à mon tour de le perdre si je divulguais son secret *.

* Le lecteur trouvera une certaine obscurité en cet endroit. Elle est volontaire, Il y a une lacune dans mon récit

Le chanoine me laissa achever sans m'interrompre. Quand j'eus fini, il resta quelques minutes sans répondre ; il était atterré et semblait près de s'évanouir. Enfin il put parler et me demander quelle satisfaction j'exigeais de lui.

— Je veux, répondis-je, que vous démentiez dans une lettre tout ce que vous avez pu inventer contre moi ; que vous fassiez lever la suspension dont j'ai été frappé ; je veux enfin qu'on me donne un poste à ma guise, dans les environs de Paris.

Cette dernière clause était pour lui l'épée de Damoclès ; cependant il promit de tout tenter. Au moment où je sortais, il me demanda mon adresse. Je lui répondis que je n'avais pas encore de maison arrêtée, et que je lui écrirais aussitôt que je saurais où je voulais loger.

parce que, ainsi que je l'ai expliqué, j'ai jugé convenable de taire tout ce qui, ne me concernant pas particulièrement, pouvait compromettre des personnes tierces.

(*Note de l'auteur*).

Une fois seul, je réfléchis et envisageai la situation de sang-froid. Je compris que le double mobile qui avait poussé le chanoine à me perdre était d'une part la jalousie, et de l'autre la crainte de mes indiscrétions. Le rassurer sur ces deux points, c'était m'assurer son appui. Je l'avais, il est vrai, humilié dans plusieurs circonstances, et je connaissais son intraitable orgueil ; je n'avais donc pas grand fond à faire sur sa sincérité; c'était en lui inspirant de la crainte que je l'obligerais à me servir activement. Je dressai mes batteries en conséquence. Je pris copie de deux lettres très compromettantes adressées par lui à la dame dont j'ai parlé ; j'ajoutai en marge mes réflexions, et je les lui envoyai avec le billet suivant :

« Monsieur, vous savez ce que je vous ai « demandé et ce que vous m'avez promis. « L'explication que nous avons eue ensemble « me dispense désormais de tout ménagement,

« je viens donc franchement vous apprendre « ce que je pense et ce que je fais.

« Je pense que si vous trouvez le moyen de « m'imposer silence ou d'achever de m'écra- « ser, vous serez quitte de votre promesse, « bien évidemment. Je connais les ressources « infinies de votre esprit, aussi ai-je pris mes « précautions. Le récit exact de ce qui s'est « passé sous mes yeux, les lettres que j'ai entre « les mains viennent d'être mises sous enveloppe « cachetée. Je vais les déposer chez un notaire « avec une lettre qu'il ouvrira à la première « réquisition signée de moi. Dans cette lettre « je demande que les pièces contenues dans « l'enveloppe soient remises au rédacteur d'un « journal et livrées à la publicité. Si un mois « se passait avant que je réclamasse ce dépôt « ou sans que je pusse écrire, le notaire pren- « drait l'initiative de la publication. J'attends « de vous une réponse décisive avant trois

« jours. Adressez-moi votre lettre poste res-
« tante.

« DANIEL. »

Cette dernière précaution était inutile : le chanoine connaissait mon domicile. Le lendemain il m'envoyait un billet fort poli et m'invitait à dîner. La lutte changeait de terrain ; je perdais l'avantage du grand jour. Cependant j'acceptai la proposition, me promettant de surveiller mes paroles, et de ne pas perdre un mot de ce que me dirait le chanoine.

Il me reçut en m'embrassant avec une effusion qui m'effraya. Nous étions en tête-à-tête. La conversation s'engagea franchement.

— J'ai, me dit mon hôte, écrit que les renseignements donnés sur votre compte étaient erronés, que ma religion avait été trompée et que je demandais votre réhabilitation dans l'intérêt de la justice, et surtout pour la tranquillité de ma conscience. Je fais valoir vos talents et votre intelligence, qui peuvent être si utiles, surtout dans les temps difficiles où nous nous trouvons.

Les prêtres trouvaient de bon goût de crier à la persécution. Grand nombre d'entre eux, à force de le répéter, avaient fini par se persuader qu'en effet ils étaient persécutés.

Le chanoine me remit la lettre dont il venait de me parler, et m'assura qu'il ne se donnerait ni trêve ni repos avant que je fusse placé selon mes désirs.

La table était délicatement servie. La persécution n'avait encore pesé ni sur la cave, ni sur la cuisine. Le luxe du service et de l'argenterie relevait encore la bonne chère. Mon chanoine qui venait d'expédier un excellent morceau et de vider un grand verre de vin, leva les yeux au ciel, et remit sur le tapis la désolation qui régnait dans le clergé. Je souris sous cape du malheur de ce pauvre chanoine, servi comme un prince, mangeant tranquillement, et qui se plaignait du sort que lui faisait l'abominable royauté des barricades; mais je le laissai dire.

— Je ne sais, continua le chanoine, quel sort attend la religion; mais au train dont vont les choses il faut s'attendre à tout. La Providence a des voies mystérieuses pour arriver à ses fins. Disciples d'un Dieu mort sur la croix, nous devons imiter son sublime exemple de résignation. (Il se versait à boire.) Mon Dieu! que ta volonté s'accomplisse, dit-il en vidant le verre d'un seul trait.

Ma gaîté débordait.

— Et vous, mon cher abbé, ajouta-t-il en me versant à boire, que pensez-vous de ces sanglantes et impies saturnales?

— Je vous imite, répondis-je en humant à

petits coups le précieux liquide : que la sainte volonté de Dieu s'accomplisse !

Il sourit ; puis changeant brusquement de conversation, il me demanda si j'avais reçu depuis peu des nouvelles de la Bretagne, et sans me laisser le temps de répondre, il ajouta :

— Je me trouve, par hasard, en relation avec un curé de cette province. C'est un homme d'une haute piété et un profond théologien. Il doit être de votre âge et de votre connaissance : c'est M. l'abbé Matelin.

A ce nom fatal, je sentis un frisson me parcourir le corps. Le souvenir du passé se dressa devant mes yeux, et la hideuse figure de mon cruel ennemi m'apparut dans toute son effrayante laideur. Le chanoine n'eut pas l'air de remarquer mon embarras, et il continua :

— Il vient de faire une conversion qui a eu du retentissement. Une jeune femme de l'imagination la plus romanesque et la plus exaltée, connue d'ailleurs par les excentricités de son caractère, vient d'entrer au couvent, et édifie par sa piété exemplaire ceux qu'elle avait scandalisés par son indifférence religieuse et les bizarreries de son caractère. Oui, ajouta-t-il, avec un ton de bonhomie parfaite, ce changement fait le plus grand honneur à M. Matelin.

— J'ai connu cet abbé, répondis-je sans lever les yeux ; on doit en effet le trouver un excellent prêtre : il sait admirablement se conformer aux vues de ses supérieurs.

— C'est une famille malheureuse que cette famille Matelin, reprit le chanoine : le père a eu une fin déplorable, la mère est morte en démence, et si je suis bien informé, la sœur aînée de l'abbé dont nous parlons a terminé sa vie d'une manière funeste dans le couvent des...

Chacune de ces paroles m'entrait dans le cœur comme une flèche aiguë ; il semblait qu'il me les décochât une à une pour rendre mes blessures plus nombreuses. Il prenait une cruelle revanche... Mon émotion était si grande que je me laissai tomber sur la table, et je restai dans un tel état d'anéantissement que je n'écoutai plus le chanoine : je pleurais des larmes de sang.

Le bruit d'un papier froissé réveilla mon attention. Le chanoine me tendait une lettre.

— Tenez, lisez, me dit-il, et vous verrez que je suis bien informé.

C'était en effet une lettre de Matelin. Tous les faits étaient tronqués, dénaturés et présentés sous le jour le plus faux, et l'abbé prenait grand soin de faire retomber sur ma tête la responsabilité de la ruine et des malheurs de sa famille. Je ne pus me contenir, et je racontai fidèlement au chanoine ma triste liaison avec Marguerite. Il me laissa parler.

— Pardonnez-moi, me dit-il ensuite avec un air de compassion et de bonté que je ne lui connaissais pas encore. Je vous ai maltraité tout-à-l'heure en vous rappelant une partie de votre vie. C'était la seule vengeance que je voulusse tirer de vous. Le récit de votre histoire a produit sur moi un effet tout contraire à celui qu'en attendait l'abbé Matelin : sa lettre m'a prouvé que vous n'aviez pu être ni mon rival ni mon ennemi. Vos confidences ont achevé de me convaincre. Vous avez souffert comme moi, comme moi vous fûtes faible : nous sommes frères par la douleur, soyons amis et oublions le passé.

Il me tendit si cordialement la main que je me sentis touché jusqu'au fond du cœur. Je la serrai avec empressement, et je ne doutai plus de lui.

— Parlons maintenant de nos projets, reprit le chanoine. Il n'y a plus de nuages entre nous; nos paroles doivent être l'expression de nos pensées... Vous ne pouvez rester à Paris ou dans les environs. Vous avez fait la folie — ne vous récriez pas ! — de combattre avec ce peuple insensé ; vous avez été dans un hôpital par suite des blessures reçues en combattant dans les rangs hostiles au clergé. Je le sais, d'autres le sauront, vous serez trahi, si vous vous trouvez ici sous les yeux de nos supérieurs, occupant une position qui peut exciter la convoitise. Rien n'est plus clairvoyant que la jalousie et l'envie. Le jour où l'autorité ecclésiastique serait informée de votre erreur, vous seriez perdu sans rémission. Eloignez-vous, croyez-moi, pour un temps, et allez occuper une position aussi avantageuse, mais aussi peu en évidence que nous pourrons vous la procurer. D'ici là, sortez peu... Vous voyez que je vous parle en ami : suivez mes conseils.

Il avait parfaitement raison, plus raison même qu'il ne le disait, car il aurait pu ajouter qu'ayant combattu les Suisses, j'étais homicide aux yeux de l'Église, et partant exposé à toutes les interdictions dont elle frappe le prêtre homicide.

Je quittai le chanoine. Il n'avait pas été question de ma menace de dépôt. En arrivant chez moi, je mis en paquet toutes les lettres que j'avais eues en ma possession et qui pouvaient le compromettre, et je les lui envoyai par une personne sûre. Ce procédé méritait sa reconnaissance et me donnait le droit de compter à l'avenir sur le désintéressement de son amitié.

VII

Les journées de juillet avaient fait de moi un homme nouveau ; mais les tribulations, les chagrins de toute sorte m'avaient donné trop d'expérience pour que je ne songeasse pas sérieusement à mon avenir. La carrière ecclésiastique pouvait seule m'offrir une condition supportable. C'était dans cette voie qu'il me fallait marcher sous la loi impérieuse de la nécessité. Le séjour de Paris ne m'était pas permis ; tôt ou tard je me serais trahi et je me serais perdu sans retour.

Le clergé, d'abord effarouché par la dévastation de l'archevêché et de Saint-Germain-l'Auxerrois, s'était tenu coi, tremblant et abattu. Mais il commençait à relever la tête : peut-être avait-il pressenti la mansuétude et la faiblesse du gouvernement, peut-être comptait-il sur l'intervention étrangère ; quoi qu'il en soit, chaque jour il se débarrassait de ses terreurs. Les conciliabules devinrent fréquents, on agitait des plans de conduite. Après de longues discussions, il fut décidé qu'on garderait une attitude passive en apparence, en même temps que l'on sonderait les anciennes provinces de l'Ouest, et que l'on disposerait l'esprit des fidèles en vue des éventualités d'un changement prochain.

J'ai la certitude que l'on comptait sur une nouvelle coalition des puissances ; les avis secrets de

Rome l'annonçaient, et si elle se fût réalisée à coup sûr la France n'aurait pas trouvé la majorité du clergé dans ses rangs.

On va voir comment, moi prêtre disgracié, je pouvais être aussi bien au courant de tout ce qui se préparait.

J'avais pensé qu'après sa victoire le peuple ou ses mandataires attaqueraient hardiment les abus et ramèneraient l'église à l'observance rigoureuse des lois et ordonnances qui règlent ses rapports avec l'état ; j'espérais aussi voir grand nombre de mes confrères élever la voix pour demander l'émancipation du bas clergé. Mais le danger commun avait effacé tous les dissentiments intérieurs, étouffé toutes les plaintes individuelles. On avait eu le talent de faire croire à l'existence d'un danger véritable. Devant cette crainte, tous se rallièrent sous le drapeau commun. Le bruit d'une imminente persécution habilement répandu dépassa même les espérances de ceux qui se servirent de ce moyen pour comprimer toute tentative de révolte. Les nouvelles reçues des départements étaient, d'ailleurs, rassurantes ; presque partout le clergé avait été respecté.

Je ne sais si l'on donnait des encouragements directs à la résistance des ecclésiastiques mal disposés pour le régime nouveau ; mais, ce qui est certain, c'est que si l'on en citait un exemple, on l'accompagnait toujours de l'éloge du courage et de la piété du prêtre opposant. Les plus puérils incidents avaient le pouvoir d'occuper les esprits des dévots. Je me rappelle les avoir entendus s'entretenir avec autant de satisfaction qu'ils en eussent éprouvé à la nouvelle d'une victoire remportée par le parti, d'un fait petit, mesquin, étroit comme le cerveau de son auteur. Je le cite comme une curiosité du genre.

Dans presque toutes les paroisses, on évitait

de chanter le *Domine salvum fac regem*. Un jeune curé de campagne imagina un moyen ingénieux de tourner la difficulté ; il faisait répéter deux fois la dernière syllabe du mot *Domine*, de façon que la phrase offrait une signification tout-à-fait contraire au véritable sens. Ainsi le chantre entonnait *Domine* NE *salvum fac....*, ce qui était positivement demander à Dieu de ne pas préserver Louis-Philippe. Je me rappelle confusément que cette belle escobarderie, assez peu latine, du reste, valut une excellente cure à son inventeur.

Le chanoine s'était occupé activement de moi, et m'avait fait confier une mission fort délicate. Si je n'eusse pas eu des opinions bien arrêtées en matière politique j'aurais pu en profiter pour hâter mon avancement ; mais j'étais prédestiné à la souffrance et à la misère. La Providence me fait faire mon purgatoire en ce monde : que sa volonté soit bénie !...

Il s'agissait d'envoyer des hommes de confiance dans les provinces de l'Ouest. Les rapports qui arrivaient de ces contrées étaient souvent contradictoires et ne donnaient pas, d'ailleurs, des développements suffisants sur les points que l'on voulait éclaircir. Le chanoine me proposa pour remplir cette mission. J'avais été relevé de mon interdiction. Je fus admis en audience particulière par monseigneur de Quélen. Le sac de son archevêché avait produit une certaine impression sur son esprit : je ne lui trouvai plus son aspect imposant d'autrefois ; il était devenu bonhomme, et daignait condescendre à emprunter à l'humanité ses allures ordinaires. Cependant son œil était encore inquiet ; mais l'on pardonnera cette défiance à un prince de l'église, en songeant à l'état de frayeur dans lequel vivait le clergé. Ce ne fut pas lui, mais le prêtre qui assistait en tiers à notre entretien, qui m'invita à parler.

Je devais partir et me rendre dans la partie de la France qui sépare l'ancienne Vendée de la Bretagne, examiner l'état des choses, voir des nobles dont le dévouement n'était pas suspect, puis choisir un point central d'où mon action pût rayonner à la plus grande distance possible. Je reçus un chiffre pour la correspondance et des lettres-de-change sur divers banquiers.

Cette mission me répugnait; elle était contraire à mes opinions : la poudre de juillet m'avait électrisé. Mon ami le chanoine combattit mes scrupules en me faisant envisager les choses sous le point de vue de l'intérêt matériel. J'acceptai donc, mais je retardai mon départ de quelques jours; j'avais à régler quelques affaires à Paris, avant de m'en éloigner peut-être pour toujours.

Pendant cette dernière semaine, je fus admis dans de fréquentes réunions d'ecclésiastiques.

Ces réunions étaient toutes politiques et avaient uniquement pour but d'organiser la résistance.

On a dit quelquefois que le clergé ignorait l'histoire. Si quelqu'un nous eût écouté, il aurait été convaincu qu'à défaut de notions générales, mes confrères connaissent du moins admirablement la biographie de nombreuses familles. Rappeler cette histoire intime, c'était faire souvent la satire la plus sanglante de certains hommes; et l'on devine aisément que ceux d'entre eux qui avaient pris part à la révolution de juillet ne trouvaient pas en nous des d'Hoziers complaisants...

Il est bien certain pourtant que si la généralité des prêtres n'eussent pas subi l'influence supérieure, s'ils eussent été livrés à leurs propres instincts, ils auraient accepté la révolution de juillet, qui pouvait amener l'émancipation du bas clergé, et auraient profité de cet énergique mouvement vers la liberté, dont elle donna le signal, pour se soustraire à la domination jésuitique et ultramontaine. Mais ce qui leur manqua ce fut, comme toujours, la force d'initiative.

Mon dernier entretien avec le chanoine me démontra qu'il avait été sincère dans sa réconciliation.

Je me mis enfin en route pour Angers, le portefeuille gonflé de lettres de recommandation et la bourse bien garnie. Il n'y a que le prêtre disgracié qui soit exposé à mourir de faim.

Mon premier enthousiasme pour la révolution de juillet se ranima au contact des voyageurs qui remplissaient alors les voitures publiques. Le patriotisme s'était réveillé grand et fort ; l'élan était donné partout ; le mot de liberté se trouvait dans toutes les bouches. Dans plusieurs localités, on célébrait des fêtes dans lesquelles les gardes nationales, organisées par enchantement, fraternisaient avec les troupes. Mon habit ecclésiastique était une mauvaise recommandation. On prenait à tâche de me faire causer; le mauvais vouloir était patent; mais dès que je m'associais franchement au sentiment général, je devenais l'objet des prévenances, des attentions, je dirai plus, du respect universel.

J'ai encore aujourd'hui la ferme conviction que si le bas clergé se fût prononcé dans le sens de l'opinion publique à cette époque, il aurait grandi aux yeux de la France et aurait conquis peut-être une indépendance qui lui manque et qu'il n'acquerra qu'après de longues luttes. Par malheur, il laissa échapper la plus belle occasion qui pût jamais se rencontrer...

A Angers, je descendis à l'hôtel. Une des lettres que j'avais à remettre devait m'indiquer mon nouvel itinéraire. Le soir, on vint me chercher mystérieusement et l'on me conduisit dans une assemblée cléricale et nobiliaire. Je fus sobre de paroles et j'écoutai beaucoup. Les têtes de ces braves gens étaient plus montées que celles du clergé de la capitale. Ce pays avait vu les luttes acharnées des républicains et des chouans et en conservait la tradition. C'était la noblesse qui surexcitait le clergé. Mal placée pour apprécier la marche des évènements, elle rêvait une seconde Vendée, l'imminence d'une conflagration générale et l'appui de la Sainte-Alliance.

Je racontai froidement ce que j'avais vu le long de ma route : je tâchai de faire apprécier plus exactement les dispositions véritables de Paris. Au lieu d'ouvrir les yeux, je rendis l'aveuglement plus complet ; les cœurs se raidissaient contre les obstacles, et l'on parlait déjà de punir le peuple en suspendant tous les travaux, tous les achats, et en se renfermant dans une menaçante inertie.

J'eus à Angers, plus encore qu'à Paris, l'occasion de remarquer que la noblesse et le clergé n'ont pas profité des leçons du passé, et qu'aujourd'hui encore leur horizon se borne aux prétentions de leurs castes respectives. Aussi pris-je soin de me renfermer dans mon rôle de porteur de dépêches.

J'établis mon centre d'opération à Angers.

Ma mission avait pour objet principal de juger par moi-même de l'état des esprits et de me faire rendre compte des moyens de résistance ou d'attaque dont on pourrait disposer ; car, dès les premiers jours qui suivirent la révolution, les exaltés du parti songèrent à organiser une insurrection vendéenne. Je dois me rendre ce témoignage que je n'excitai ni ne modérai les ardeurs de mes correspondants :

j'étais purement et simplement un observateur attentif, et rien de plus.

En me rapprochant de la Mayenne, la fermentation me parut plus grande, les curés plus exaltés, et, par contre, les populations urbaines professant des opinions politiques beaucoup plus avancées : ce qui prouve combien le clergé est en désaccord avec l'esprit de son époque partout où il joue un rôle actif et prépondérant. Dans les campagnes, par exemple, les partis sont plus nettement tranchés, plus ardents à la la lutte. Est-ce-là une chose bonne et qui témoigne en sa faveur? Je le croirais difficilement...

Bien certainement, il y eut cette année moins de goutteux parmi les prêtres que pendant les années précédentes : on les trouvait à chaque instant sur les grandes routes, dans les chemins de traverse, dans les bourgs, dans les villages, partout, en un mot. Quand j'arrivais à un presbytère, M. le curé était toujours absent : « Il dînait chez M. de Saint-Christophe, chez M. de Saint-Anselme », ou tout autre.

Pour connaître à fond les dispositions des populations, je causais ordinairement avec mes guides ; je leur trouvais, en général, du bon sens, pourvu que je n'eusse pas affaire à un sacristain ou à un sonneur de cloches. L'esprit du clergé est incarné dans ces gens-là, et il ne leur manque que la tonsure et la soutane pour être de véritables prêtres. Ce qui me frappait beaucoup, c'est que lorsque je rencontrais un paysan seul, j'étais sûr de recevoir un coup de chapeau ou de bonnet, tandis que rien n'était plus rare lorsque j'en trouvais plusieurs ensemble. Rougissaient-ils de leur politesse envers un homme de ma robe ?....

...... Je cheminais tout doucement sur une

assez chétive monture. Mon guide, sacristain de race, possédait en détail l'histoire de tous les curés passés et présents de sa paroisse. Il parlait des enterrements, des baptêmes et des mariages en homme versé dans la matière. Cette conversation m'intéressait peu, je n'écoutais pas, et comme la *Perrette* de la fable, j'arrangeais l'avenir à ma guise. Mon rêve n'était tissu ni d'or ni de soie : c'était un modeste coin du feu où je pourrais étendre mes jambes, dans les soirées d'hiver ; un petit fauteuil pour me prélasser et achever ma digestion en attendant l'heure de me glisser dans un bon lit, loin du bruit, exempt d'inquiétudes et libre de me livrer aux études de mon choix...

Se lever matin, aux derniers tintements de la cloche, aller dire une courte messe, revenir s'asseoir dans un salon frais en été, chaud en hiver ; déjeûner en prenant ses aises, comme il convient à un estomac paresseux, sortir si le temps est beau, et lire ou ne pas lire, en se promenant dans le jardinet du presbytère, quelques pages d'un livre connu sous le nom de bréviaire ; aspirer l'air pur des champs, attendre ainsi le coup de midi pour se mettre devant une table confortable, servie par une gouvernante attentive ; faire la sieste en été, lire les journaux au coin du feu en hiver ; rendre visite aux riches de la paroisse pour tuer le temps ; dire un mot d'encouragement en passant au pauvre travailleur ; accepter le pot de cidre avec le petit propriétaire ; répondre par un léger coup de tricorne aux profondes salutations des femmes et des filles ; puis, après une journée aussi bien remplie que celle de Titus, s'endormir dans la paix du Seigneur avec cette consolante pensée que demain ressemblera à aujourd'hui. Quelle bonne et douce existence, mon Dieu ! comparée à ma vie passée, pleine d'orages et de tempêtes, de déchirements et de douleurs. . . . .

Je fis un saut sur ma selle. Soit que ma monture partageât ma jubilation, soit plutôt que je la surprisse en train de ruminer quelqu'autre sujet, toujours est-il qu'elle se cabra et me lança rudement contre un tronc d'arbre qui me rompit la clavicule gauche. Hélas ! je fus plus malheureux que Perrette ; si je ne rentrai pas au logis en grand danger d'être battu, je tombai entre les mains d'un chirurgien de campagne, et c'était bien pis.

Je ne prie jamais Dieu sans lui demander de pardonner à ce pauvre homme toutes les souffrances qu'il m'a fait endurer. Hélas ! pourquoi ne pouvait-on plus dire : *Et imponent manus super illos et sanabuntur !* Les mauvaises intentions rendent seules un homme coupable, et le digne frater désirait si sincèrement me guérir sans douleur que je n'ai pas le courage de lui en vouloir. Je n'en restai pas moins quarante jours l'épaule emmaillottée et hors d'état de continuer mes tournées. Par bonheur je me trouvais dans le voisinage d'un petit séminaire perdu au milieu des bois.

Le supérieur était un homme qui entendait la vie à sa façon. Légitimiste quand même, il nourrissait son âme de la prière et son corps d'aliments substantiels. C'était l'âme qui faisait maigre régime.

Cette sainte maison comptait environ 200 élèves, et, parmi eux, les enfants des héros de la Vendée, de noble et de basse extraction, sans distinction aucune.

J'arrivais de Paris. Tomber au milieu des bois et raconter *de visu*, à des oreilles qui n'entendaient que le chant monotone des psalmodies, le bruit des basses cours, les cancans de village, ce qui s'était passé dans la capitale, les évènements de la révolution, c'était plus qu'il n'en fallait pour obtenir un magnifique succès. Je fus accueilli, fêté, admiré. On me trouvait une instruction supérieure, un parfum parisien délectable. Heureux qui me posséderait!

Le supérieur me fit des propositions convenables. J'étais à demi persuadé : je plantai là mon pavillon et j'acceptai. Mes supérieurs, probablement peu satisfaits de mes rapports trop véridiques et des réflexions dont je les accompagnais (ils ne voulaient pas que la Vendée actuelle ne fût plus l'ancienne Vendée), mes supérieurs approuvèrent ma résolution, et je m'installai au séminaire en qualité de professeur de dogme et de morale : une chaire nouvelle, créée tout exprès pour mettre en leur jour les mérites de votre très humble serviteur.

Dans ce séminaire, plus que partout ailleurs peut-être, l'éducation était fausse, mesquine et abrutissante. Les auteurs latins ne semblaient jamais assez chastes, et chaque professeur révisait son édition *expurgata*. On ne parlait du grec que pour mémoire ; à peine se trouvait-il un abbé capable de lire, je ne dis pas de comprendre Homère. La science des mathématiques était plus avancée, et j'ai vu des élèves arriver jusqu'à la division. Quand à la géométrie, le professeur était parvenu à faire comprendre à ses auditeurs que du point A au point B la ligne la plus courte est la ligne droite. Parfois aussi j'ai entendu parler d'astronomie dans des réunions solennelles : Josué damait le pion à Galilée, et le soleil tournait autour de nous en décrivant une courbe de 36,000,000 de lieues de rayon... Le reste à l'avenant. Une instruction solide et forte, n'est-il pas vrai ? et surtout au niveau des lumières du siècle ! Aussi les élèves affluaient-ils dans la maison.

On comprend si je devais me plaire au milieu de cette jeunesse d'élite où je trouvais *rusticus urbano confusus, turpis honesto*... Cet intérieur de séminaire était un sujet continuel de méditations pour mon esprit. J'aimais d'un amour particulier les leçons d'histoire : c'était un nouveau passé qui m'était révélé.

En revanche, la partie de l'éducation qui concerne l'extérieur, la manière de faire le signe de la croix, de se mettre à genoux, de se tenir bouche béante au sermon, de porter sa ceinture, son bréviaire, son tricorne, de s'approcher de la sainte table, d'assister l'officiant et de servir la messe, était poussée au dernier degré de perfection. Je crois, en conscience, que ces gaillards-là apprenaient à saluer en trois temps, à s'asseoir en quatre, à tousser, à se moucher *ex regulis societatis Jesus*. Du temps de l'empire, les mœurs militaires avaient pénétré jusque dans les séminaires ; nous n'étions pas si bien stylés. Il est vrai que les jésuites sortaient à peine de dessous terre, et que la restauration leur avait laissé le temps de croître et de multiplier.

A quel fortifiant régime était mise la jeunesse de cet établissement! Le matin, une messe précédée d'une prière et accompagnée de méditations; quelques heures de classes, des récréations pour développer l'esprit de fraternité : (il était interdit à deux élèves de causer ensemble deux jours de suite) puis des exhortations, des sermons rigoureusement divisés en trois points en l'honneur de la sainte trinité; des lectures pieuses pendant les repas, et pour divertissement le chapelet, — occupation pleine d'attraits; — et des récits de miracles plus ou moins italiens..... A coup sûr, une génération élevée de cette façon ferait la gloire et l'admiration de son siècle.

Rien d'ailleurs n'était oublié, et la direction des opinions politiques moins que le reste. Les principes professés étaient aussi brefs que simples et clairs : « Le gouvernement issu de la révolution de juillet venait de l'enfer : guerre à mort aux fils de Satan. — Le chrétien se doit avant tout à Dieu ; or l'église est Dieu rendu visible ; donc il faut se dévouer avant tout à l'église. » En conséquence de ce dilemme, les supérieurs parfaitement au courant des projets du parti nobilio-clérical, préparaient leurs élèves à la révolte.

Des colonnes mobiles sillonnaient le pays et prenaient quelquefois leurs cantonnements dans les lieux suspects. Les séminaires passaient à bon droit pour tels. Nous fûmes donc gratifiés d'une compagnie de grenadiers du 44e. Qu'on ne s'imagine pas qu'on accueillit mal cette petite garnison ; tant s'en faut. Le supérieur admit les officiers aux honneurs de sa table ; les professeurs jouaient aux quilles dans les cours avec les soldats. Seulement, tandis que le poste placé à l'entrée de la maison vivait dans une sécurité profonde, au-dessus de sa tête, dans le grenier, le vieux portier et les siens décrassaient les fusils vendéens et faisaient des cartouches. Les confesseurs préparaient les esprits ; on administrait la communion plus fréquemment que de coutume, et chaque élève en état de porter un fusil recevait par avance, en sortant du confessionnal, une petite giberne, cartouchière. C'est qu'un nouveau Judas Machabée allait se lever pour le salut d'Israël : déjà la duchesse de Berry, le seul homme de la famille déchue, se montrait à l'horizon.

Une après-midi, vers quatre ou cinq heures, il y eut réunion générale dans l'église : les confesseurs étaient à leur poste. A sept heures on débita un sermon pathétique : « Dieu n'abandonnerait pas son peuple ; mais il voulait que son peuple ne restât pas inactif. Les héros, les saints de la Vendée s'agitaient dans leurs glorieux cercueils... Entendez vous leurs voix, fils de ces saints? elles vous crient : Aux armes, le trône légitime est tombé sous les coups de l'impiété, les autels sont menacés ! aux armes!.. » La nuit se passa en ces saintes préparations pendant que les grenadiers buvaient le cidre largement distribué et fumaient tranquillement leurs pipes. Le matin communion générale, exhortation brûlante : « Le ciel était ouvert et il en tombait une pluie de couronnes, et les joies célestes, le bonheur ineffable des élus, l'éternité de délices. » L'eau en venait à la bouche...

Fanatisé par ces prédications, le bataillon sacré, au comble de l'enthousiasme, résolut de se mettre en marche dès la nuit suivante. Auparavant, on devait désarmer le poste, et peut-être le massacrer, s'il tentait de résister. Il y eut une distribution extraordinaire de vin. Je me rappelle encore les visages sérieux, mais déterminés, de tous ces jeunes gens que l'on envoyait à la mort au nom d'une religion qui a horreur du sang. J'éprouvai un grand sentiment de pitié, et je voulus détourner quelques-uns des plus faibles de leur projet. Tous me répondirent avec une conviction profonde : Dieu le veut.

Le capitaine de grenadiers reçut alors un petit billet dans lequel je l'avertissais de se tenir sur ses gardes, sans lui parler des mouvements et des dispositions de l'intérieur. Je voulais éviter une collision et peut-être l'effusion du sang. Une nouvelle qui se répandit vers onze heures rendit mon avis inutile : un fort parti de légitimistes, ayant, disait-on, madame la duchesse de Berry à sa tête, s'était retiré dans le petit château de la Penissière ; toutes les troupes devaient se resserer autour de ce point. A trois heures du soir on apprit par une estafette, que le château avait été brûlé, et que ses défenseurs avaient péri : le séminaire se retira dans la chapelle, on en ferma soigneusement les portes, et l'on récita un *De profundis !*

Ainsi finit cette malheureuse tentative de rébellion : quelques gardes nationaux et une ou deux compagnies de soldats suffirent pour en avoir raison. Nos jeunes abbés serrèrent leurs cartouchières, les fusils rentrèrent dans leurs cachettes, et la maison reprit son train de vie ordinaire sans que les grenadiers se doutassent qu'ils avaient dormi sur un petit volcan.

Ma tiédeur n'avait pas échappé à mes collègues. Je cessai d'être aussi bien traité que par le passé ; on m'observait de près, et je ne tardai pas à me lasser de cet espionnage qui me gênait et m'irritait en même temps. L'ennui me gagnait. J'écrivis à mon ami le chanoine et le priai de me venir en aide. Je demandais une petite cure de campagne. Il me répondit sur-le-champ en m'engageant à garder ma position jusqu'à ce qu'il eût réussi dans les démarches qu'il allait tenter en ma faveur.

Je veux le dire ici bien haut, je voudrais le crier sur les toits : le clergé fait fausse route dans les principes de l'éducation qu'il donne aux élèves des séminaires. Qu'il les instruise dans les sciences profanes, puisqu'ils doivent vivre dans le monde et descendre dans l'arène des luttes intellectuelles ; qu'il leur inspire des sentiments de bienveillance et de charité, puisqu'ils auront à aimer leurs frères et à leur pardonner bien des torts ; qu'il éclaire leur esprit des pures lumières de l'Evangile, puisque c'est l'Evangile qu'ils doivent pratiquer et prêcher sur la terre ; qu'il en fasse, en un mot, des hommes plus respectables par la sainteté de leur vie que par leur habit, et personne n'y trouvera à redire. Mais fausser leur jugement, ne pas leur permettre de penser, rétrécir leur intelligence, placer tout le mérite de la sainteté, tout le droit aux respect des hommes dans des pratiques machinales, dans un extérieur composé, dans des privations tôt ou tard éludées ; mais les mettre en garde contre la société en la peignant comme un ramassis de brigands ; mais leur faire voir le mal partout et toujours, voilà qui est absurde et mauvais, car c'est perpétuer une lutte dans laquelle le clergé finira par succomber.

Je ne crains pas d'affirmer que la destruction du culte est préparée par ceux-là même qui ont intérêt à le conserver. Remarquez bien que les plus violents antagonistes de la religion ont reçu leur éducation chez les prêtres. Leurs attaques ne sont autre chose qu'une protestation contre la direction fatale que le clergé s'obstine à imprimer à ses écoles. . . . .

VIII

Du moment où je m'ennuyais au séminaire, je devais ennuyer les autres. Ma vie devint solitaire. Le supérieur avait une certaine appréhension de moi, et par contre j'éprouvais pour lui de l'antipathie. Je sais qu'il se plaignit secrètement. On lui répondit qu'il fallait subir les conséquences de sa conduite. Pourquoi m'avait-il demandé? J'avais d'ailleurs une certaine réputation d'influence que je devais à la mission dont j'avais été chargé.

La fin de l'année arriva. La distribution des prix se fit en grande pompe. Il y eut spectacle dévot, déclamations de pièces attribuées aux élèves et envoyées toutes faites de Paris ; distribution de livres choisis entre les plus pieux, mais dorés sur tranche et de reliure resplendissante comme pour cacher sous la magnificence du contenant la pauvreté du contenu. On prononça des discours... Je ne m'en rappelle pas le nombre, car dès le début je m'endormis dans le coin où j'avais été relégué. Le supérieur commençait le sien quand je me trouvai complètement éveillé par les battements de mains obligés. J'écoutai.

Jamais je n'avais vu une si grande effusion de tendresse ; les cataractes de l'amour étaient ouvertes ; le déluge suivit. Les mères pleuraient comme des Madeleines, les pères se mouchaient à la dérobée; la contagion devint si forte que je me surpris une larme à l'œil. Tout le monde se retira satisfait.

L'ancienne Vendée, la Vendée royaliste et religieuse avait fourni son contingent d'élèves et la patrie du saint d'Anjou n'était pas restée en arrière.

Ce fut une belle journée : le séminaire se trouvait en bénéfice net de 20,000 francs, sans compter les bénéfices de 60 à 80 0/0 sur la vente des livres pieux, des classiques, de l'encre, des plumes, du papier et des rosaires bénis par le pape. Tous ceux de notre séminaire jouissaient de cet avantage, et la bénédiction du saint-père en doublait et en triplait le prix : chose juste, après tout, car ils avaient des centaines d'indulgence attachées à chaque grain. J'allais oublier de parler d'une toute petite boutique établie dans l'intérêt des élèves, bien entendu. Est-ce qu'on songeait à autre chose dans cette sainte maison ? Et la preuve : un petit couteau, par exemple, d'une valeur de quelques centimes, se vendait 1 franc (80 0/0 de bénéfice) ; même profit sur les ciseaux et sur tous les petits objets à l'usage des élèves, tels qu'aiguilles, épingles, boutons, etc., etc.

Il était certainement agréable pour les élèves de trouver sous la main, même à un prix un peu élevé, ce dont ils avaient besoin ; mais j'y vis un autre avantage dont on ne parlait pas. Un écolier, surtout un séminariste, fût-il en pension aux dépens de la charité des fidèles, a toujours quelque menue monnaie dans sa bourse. Or, l'argent est un tentateur d'une abominable perfidie. Dans une promenade, — et nos jeunes gens en faisaient de longues, — on se trouve quelquefois très altéré. S'il se présente un *bouchon*, que l'élève entende résonner quelques gros sous dans sa poche, il passe dans un champ voisin, — car il a appris à sauver les apparences, — et il se fait apporter un pot de cidre qu'il trouve bien supérieur à l'abondance du séminaire. Il n'y a réellement que l'eau qui désaltère : toutes les boissons fermentées excitent la soif. Le pot de cidre disparaît; et, s'il n'a pas épuisé la pauvre petite bourse jusqu'au fond, un second la met à sec. — Alors, la tête se monte, les idées mondaines sortent de la cachette où les horribles descriptions de l'enfer les avaient fait se réfugier toutes tremblantes, et voici que le petit séminariste n'ose plus approcher du tribunal de la pénitence sans rougir jusqu'au blanc des yeux. Puis, il s'en va piteusement se mettre à genoux dans un coin obscur du chœur, et réciter les sept psaumes de la pénitence, en disant d'une voix dolente son *meâ culpâ*... Vider les bourses des écoliers, c'est donc les préserver des occasions prochaines de pécher.

La boutique était tenue par un élève de

choix. Il n'en suivait pas moins les cours et obtenait ordinairement des prix : le supérieur se conduisait en homme reconnaissant.

Dans les premiers temps de mon séjour, je me mêlais avec les élèves durant les récréations. J'arrivais de Paris : on faisait cercle autour de moi. J'excitai probablement quelque jalousie, car on me pria très poliment, je dois en convenir, mais enfin on me pria, de rendre moins fréquentes mes visites dans les cours aux heures de récréation.

En comparant la manière dont on dirigeait l'esprit des élèves à celle qu'on employait de mon temps, je reconnus que les jésuites avaient fait un pas immense dans la voie du perfectionnement de l'éducation.

Mes conversations avaient détourné plusieurs élèves des saintes méditations grâce auxquelles on s'achemine vers la vie dévote ; ils écoutaient moins attentivement les lectures pieuses, les narrations de miracles ; en un mot, ils étaient en train d'entrer dans la vie réelle. C'eût été d'un déplorable exemple ; aussi les prédicateurs s'attachèrent-ils à prouver que l'on ne pouvait vivre chrétiennement que dans la solitude ; ils citaient à l'appui les saints ermites dont les souvenirs embaumaient encore les déserts de la Thébaïde. Notre supérieur trouvait les ecclésiastiques des villes bien moins selon le cœur de Jésus-Christ, que ceux qui vivaient au milieu des champs. Les Parisiens (on me donnait cette épithète) sentaient trop le monde : ils avaient besoin de grâces particulières pour être sauvés. J'étais et je suis encore de l'avis du supérieur ; car j'ai eu de plus que lui l'avantage d'entendre quelquefois la messe à Notre-Dame-de-Lorette.

Il y aurait ingratitude de ma part si je quittais le séminaire sans rendre hommage à l'habileté que montrait l'apôtre de la solitude à se procurer des élèves. Je suis parfaitement renseigné à ce sujet, et j'entrerai dans quelques détails, parce qu'ils aideront à comprendre comment le clergé recrute aujourd'hui ses écoles. La situation actuelle donne un certain à propos à mes révélations.

Les ecclésiastiques des environs trouvaient d'excellents dîners à la maison. La conversation pendant le repas tombait naturellement sur l'établissement; naturellement aussi on est bien aise de témoigner sa gratitude à qui vous traite confortablement. Les prêtres sont aussi sensibles que les autres hommes à ce genre de séduction.

Dans la paroisse de chaque curé, de chaque desservant ou succursaliste, il y a des enfants; parmi ces enfants, il s'en trouve toujours quelques-uns auxquels l'état de fortune de leurs parents permet de donner une certaine éducation. Il faut donc qu'ils aillent la chercher hors du village où le pauvre instituteur qui meurt souvent de faim, ne reçoit que le rebut des populations naissantes. Laisser envoyer ces enfants dans un collège laïc serait manquer sciemment aux plus saints devoirs du prêtre : car,—et tout le monde l'a entendu,—nos seigneurs les évêques ont proclamé l'Université un foyer de pestilence. Il faut donc, pour la tranquillité de sa conscience, diriger ces tendres rejetons vers les maisons pieuses, où ils recevront les germes des bonnes doctrines.

Les pères, fils du siècle, ne sont pas toujours d'avis, il est vrai, de livrer leurs enfants à la manipulation des séminaires ; mais les mères vont à confesse, et comme l'homme auquel la femme confie des secrets qu'elle ne dirait pas à son mari possède une influence absolue sur elle, il n'a qu'à parler, j'ai tort, il n'a qu'à commander, et l'enfant reçoit la direction que prescrit le confesseur.

Qu'on me permette, à ce propos, de rapporter ici un mot du supérieur. Il devenait jovial à la fin du dîner. Un jour, il s'agissait de deux enfants appartenant à une famille riche, mais dont le chef n'était pas un trop docile chrétien. Le curé de la paroisse désespérait d'amener son homme à ses fins, quoique la mère fût d'une dévotion exemplaire. Le supérieur insistait, en appuyant ses arguments d'une bouteille de vin de Champagne. Le curé ne demandait pas mieux que de réussir ; mais il n'en voyait pas la possibilité.

— Allons, allons, s'écria le supérieur, ne savez-vous pas qu'il y a un moment où la femme obtient tout.

Cet argument parut irréfutable. Le curé avala un second verre de vin de Champagne, et nous allâmes prendre le café, remplis d'admiration pour le supérieur.

Quoiqu'il y ait toujours un moment où la

volonté de la femme domine son mari, il se présente cependant une infinité de cas où celle de l'homme ne fléchit pas. Alors on a recours aux grands moyens. L'absolution est refusée au temps pascal. Quand l'enfant se présente pour faire sa première communion, le curé sait qu'il ne pourra répondre aux interrogations sur le catéchisme : il ne communiera donc pas. C'est une tache imprimée sur un jeune front. La mère pleurera, le mari, de guerre lasse, sacrifiera ses opinions, et le fils ira apprendre au séminaire qu'il faut abandonner père, mère, frère, sœur quand Dieu nous appelle. Or, le prêtre lui sert de porte-voix ; vous devinez le reste...

Le supérieur avait donc toujours plusieurs courtiers dans chaque paroisse ; d'autres auxiliaires lui venaient encore en aide. La vieille noblesse, la jeune, moutonnière de sa nature, ne comprenaient pas une autre éducation que celle qu'elles avaient reçues, et d'ailleurs la religion et les bonnes mœurs se trouvent-elles ailleurs que dans les maisons dirigées par de pieux, de vénérables, de savants ecclésiastiques? Non content de ces éléments de succès que l'esprit de corps, les opinions d'une caste, mettaient à sa disposition, dans une contrée encore chaude de la guerre civile, le supérieur, en homme habile (ce sont toujours des hommes habiles qui dirigent les petits et surtout les grands séminaires), le supérieur avait encore des moyens occultes. Il les nommait plaisamment *ses bottes fourrées.*

Je ne sais si l'évêque ou l'évêché était son complice, mais tous les ecclésiastiques qui étaient en rapports avec les établissements universitaires n'avaient qu'une voix pour proclamer les dangers de l'enseignement et de l'éducation que l'on reçoit dans ces maisons. Je n'ai pas entendu dire que les aumôniers profitassent de la confession pour influencer les élèves, aussi je me garderai bien d'émettre le plus léger souçon à cet égard ; mais ce qui est certain, c'est qu'appelés comme auxiliaires, ils tournaient leurs armes contre ceux qui les payaient : le tout pour la plus grande gloire de Dieu.

Il fallait que les proviseurs, professeurs, directeurs et régents eussent la conscience plus nette que de l'eau de roche pour échapper à la malveillance. Une toute petite faute leur échappait-elle, c'était la boule de neige qui roule sous le vent sur la montagne : en passant par la bouche des dévotes elle allait grossissant, grossissant jusqu'à ce qu'elle tombât en avalanche sur le malheureux universitaire.

Ce que je ne pouvais m'expliquer, c'est que les fonctionnaires, quoique dépendant d'une administration de l'État, fussent toujours livrés pieds et poings liés aux attaques du clergé. On eût dit qu'entre les hommes du gouvernement et le clergé, il y avait un traité secret dont la première clause portait : « Le monopole de l'instruction publique sera abandonné au clergé pour qu'il nous élève des sujets plus maniables. Le clergé est laissé libre de préparer les voies. Le présent traité stipulant expressément qu'on ne viendra point en aide ostensiblement au clergé, mais qu'en cachette on secondera toutes ses tentatives, tous ses empiètements. » *Deuxième article :* « L'Université ne trouvera qu'un appui négatif et ses membres seront condamnés au mutisme sous peine de destitution... »

Ces réflexions m'ont écarté de mon sujet, je me hâte d'y revenir. J'ai déjà dit que l'ennui me gagnait ; j'avais écrit à mon ami de me tirer à tout prix de mon exil. L'air pur et vif des bois ne me paraissait plus si délicieux. Je songeais souvent à la fumée de Paris. Fatigué d'ailleurs de l'inutilité de ma vie au séminaire, je pris le parti de regagner la capitale sans attendre la réponse du chanoine à ma dernière lettre.

Un accident qu'éprouva la voiture qui me conduisait à Paris nous contraignit de nous arrêter dans une petite ville de la Mayenne. C'était un dimanche, et l'on célébrait un banquet patriotique : la population tout entière se portait avec empressement vers la place où les tables étaient dressées. Au lieu d'aller chanter vêpres dans quelque église, je cédai à l'entraînement de la curiosité, et je suivis la foule. J'étais si occupé et si heureux du spectacle que j'avais sous les yeux, que je ne remarquais pas l'étonnement produit par ma présence en un tel lieu. Un capitaine de grenadiers de la garde nationale m'aborda poliment et me demanda si je ne voudrais pas m'asseoir à un banquet auquel tous les citoyens étaient conviés. J'obéis à l'élan de mon cœur, et je pris place entre le capitaine et le maire. Il y eut un instant de stupéfaction, puis des applaudissements unanimes éclatèrent de toutes parts. Le capitaine me serra la main.

—Vous le voyez, Monsieur l'abbé, me dit-il, la France ne renie ni la religion ni les prêtres, ce sont les prêtres qui renient la France.

Une fois dans ma vie je me suis assis au banquet de la fraternité! Le souvenir de cette journée réchauffe encore mon âme; mais combien d'amères pensées se mêlent à ce souvenir! Je fis ce jour-là, comme citoyen, une bonne et sainte action; comme prêtre je commis une faute qui a été pour moi la cause de bien des tribulations, et cependant je ne me la reprocherai jamais.

En arrivant à Paris, je trouvai l'autorité supérieure informée de ce qui s'était passé. On me repoussa comme une brebis galeuse, et ce ne fut qu'en secret que le chanoine, mon ami, consentit à me recevoir. . . . .

Le soir au milieu des ténèbres, ainsi qu'il me l'avait recommandé, je me rendis chez lui. Un domestique m'introduisit mystérieusement dans sa chambre, d'où tout importun avait été écarté. Il n'eût pas pris plus de précautions pour recevoir un malfaiteur. Son abord fut froid et glacial ; il ne me serra même pas la main que je lui tendis... J'étais frappé d'anathème !

Comme Contrafatto, Roubinac et tant d'autres, j'avais donc effrayé la société par mes crimes ? Non, j'étais bien plus coupable : j'avais pris part à la lutte héroïque de juillet et je m'étais assis à un banquet patriotique...

Tandis que j'attendais du chanoine quelques paroles de consolation, il restait muet, daignant à peine laisser tomber un regard sur moi. Je ne pus contenir mon indignation.

— Monsieur, m'écriai-je, je venais ici avec

la confiance que doit m'inspirer le passé ; j'avais oublié que je suis en disgrâce. Je vous comprends, je suis tombé si bas en faisant acte de citoyen qu'un digne et vertueux prêtre comme vous se souillerait à mon contact...

Il m'arrêta et me dit lentement :

— Vous vous méprenez sur mes intentions. Votre vue m'afflige profondément, il est vrai. Votre exaltation vous a perdu, et, en vous entendant tout-à-l'heure, je pensais qu'il n'était plus possible de vous arracher au gouffre de misère dans lequel vous vous êtes précipité de gaité de cœur.

— Eh bien ! répondis-je, au moins ne succomberai-je pas sans me venger. Je vais faire appel à la publicité, expliquer ma conduite, crier à l'oppression, et le pouvoir issu de la révolution populaire me tendra la main.

— Depuis trois jours que vous êtes à Paris, reprit le chanoine, vous n'êtes donc pas descendu dans la rue? vous n'avez donc pas ouvert un seul journal ministériel? la voix des tribunaux n'est donc pas parvenue jusqu'à vous? Un trône ne peut s'asseoir sur le sol populaire : le gouvernement actuel, sage et prévoyant, suit la seule marche qui puisse le consolider. Des hommes influents cherchent à rassurer le clergé. Dès que Rome aura parlé, la fusion deviendra facile ; le terrain est préparé ; on nous fait des avances, car nous n'allons à personne et on vient à nous. Réfléchissez un peu, et vous comprendrez l'inutilité d'un éclat. J'ai toujours eu de l'affection pour vous; je veux encore vous le prouver : restez chez vous durant quelques jours, et je tâcherai de vous rendre service. Surtout ne fréquentez aucun de vos confrères.

— Mais, enfin, lui demandai-je, de quel nouveau crime suis-je accusé? Je le devine, mais je voudrais en être sûr.

Il alla à son secrétaire et en tira une liasse de papiers.

— J'avais, me dit-il en la dépliant, demandé pour vous un poste aux environs de Paris. Parcourez la réponse à ma demande.

Et sans me donner le temps de la lire, il me remit une autre lettre.

— Voici, ajouta-t-il, la seconde réponse à de nouvelles sollicitations de ma part ; celle-ci date d'hier.

Et il se croisa les bras après avoir approché de moi la lumière.

On promettait dans la première lettre de prendre en considération la requête du chanoine après s'être procuré des renseignements sur ma conduite, sur mon obéissance et sur mes principes religieux, chapitre sur lequel j'avais été antérieurement assez mal noté.

Dans la seconde lettre, on repoussait formellement la demande, et l'on énumérait mes crimes : on savait que j'avais fait le coup de feu en juillet; que j'avais professé des principes démagogiques pendant ma tournée dans l'Ouest; que j'avais été un objet de scandale au séminaire, et qu'enfin, pour couronner l'œuvre, j'avais oublié la dignité de mon caractère de prêtre à ce point de prendre place à un banquet patriotique. J'étais décidément un sujet incorrigible.

— Vous le voyez, me dit le chanoine, j'ai fait l'impossible pour vous ; je ne puis aujourd'hui vous aider que de ma bourse.

Cette proposition révolta mon orgueil, et je la refusai nettement. Il m'engagea, non pas à le revenir voir, mais à lui écrire dans le cas où je pourrais avoir besoin de lui.

J'écrivis un petit mot à Rose en la priant de passer chez moi. Elle ne se fit pas attendre. Elle travaillait toujours en chambre, me dit-elle chez sa lingère, mais son temps était à ma disposition.

C'était une excellente et généreuse nature, sans instruction, sans éducation de famille, mais douée des meilleurs instincts. Sous plusieurs rapports elle valait Yvonne, mais il lui manquait ce tact que la fréquentation des prêtres avait donné à ma gouvernante. En somme, elle avait le caractère franc et loyal de la fille de Paris, qu'une longue habitude du vice n'a pas démoralisée. Dès qu'elle me sut disgracié, son attachement pour moi redoubla. Il m'eût fallu ses veilles, son sang, qu'elle m'eût tout donné, j'en suis sûr, sans croire mériter ma reconnaissance.

J'étais dans une de ces situations d'esprit qui portent aux moyens extrêmes. Je songeai à passer au protestantisme. Je ne m'arrêtai pas longtemps à cette idée, mais, selon mon habitude, je la confiai au papier dans une sorte de controverse qui contenait les objections contre le catholicisme et les raisons à l'appui de la religion réformée. A cette occupation, j'en joignis une autre toute nouvelle pour moi : je devins poète, ou plutôt faiseur de vers, et de vers séditieux encore. Or, mon début dans la carrière poétique me coûta assez cher, ainsi qu'on va le voir.

Je n'avais pas écrit au chanoine, et je ne voyais pas d'ecclésiastiques. En revanche, je visitais souvent quelques hommes aussi mal satisfaits de la politique du gouvernement que je l'étais du clergé. Je ne pus résister au désir de leur lire quelques-unes de mes pauvres élucubrations. Ils applaudirent fort et m'engagèrent à continuer. D'autre part, j'avais retrouvé le vieux général ; et plus que personne il m'encourageait à jeter le froc aux orties. Probablement des indiscrétions furent commises ; peut-être me dénonça-t-on ? Toujours est-il qu'un jour que j'étais absent, un commissaire de police se présenta chez moi ; on força ma porte : on fouilla mes papiers ; on s'empara de mes vers et d'une ou deux lettres, et à mon retour on m'appréhenda au corps et l'on me conduisit chez mondit commissaire. Il me mit sous les yeux mes misérables poésies, m'appela ennemi du gouvernement, anarchiste, républicain, et finit par m'envoyer en prison. C'était la seconde fois que pareille aventure m'arrivait. J'aurais pu l'éviter, car Rose m'avait averti que depuis quelques jours un homme d'assez mauvaise mine suivait tous mes pas et se postait dans un cabaret voisin pour épier mes sorties ; il avait même interrogé le portier sur mon compte. Je dédaignai de prendre garde à ce renseignement, et j'eus tort.

Aussitôt qu'elle sut que j'étais en prison, Rose se mit en campagne, et elle vint m'apprendre — j'ignore de qui elle le tenait — que c'était sur les instances du clergé que la visite domiciliaire avait eu lieu.

J'écrivis au chanoine, qui ne me répondit pas ; au général, qui vint me voir et qui me promit de tout employer pour me tirer d'affaire, ce qui n'était pas difficile, me dit-il, car les pièces saisies, n'ayant pas été livrées à la publicité, ne pouvaient constituer un délit.

J'adressai un mémoire à l'archevêque : il n'était pas trop modéré, tant s'en faut ; mais il exprimait des sentiments dont le général et Rose ne contribuaient pas peu à entretenir l'exaltation. Je déclarai que j'étais disposé à tout tenter pour éclairer le pays sur les mœurs et la tyrannie du clergé.

On me parla de la juridiction ecclésiastique : je répondis que je la récusais, puisque j'étais incarcéré pour cause politique. On me menaça de la cour d'assises : je répliquai que j'attendais avec impatience le moment de comparaître devant elle, attendu que je n'avais rien fait qui pùt me rendre redoutables les investigations de la justice. Enfin, le soir du second jour, après une détention de quarante-sept heures, je fus libre de retourner chez moi. On ne me donna aucune explication et l'on ne me rendit aucun de mes papiers.

En mettant en ordre ceux qu'on m'avait laissés, je m'aperçus de la disparition des deux feuilles sur lesquelles j'avais écrit le résultat de mes réflexions et de mes études sur le protestantisme comparé au catholicisme. On les avait saisies sans doute avec mes papiers et mes lettres. Cela ne m'affecta que médiocrement : que pouvait faire un commissaire de police d'une controverse religieuse? et qu'avais-je à craindre, puisque mes vers ne m'avaient valu qu'une détention de quelques heures?

En cela je me trompais : le pouvoir tendait déjà la main au haut clergé et ne demandait pas mieux que de trouver des occasions de lui prouver son bon vouloir.

Cependant la pensée d'abandonner le catholicisme prenait peu à peu plus d'empire sur mon esprit. J'éprouvais bien quelques vagues remords, j'étais bien incertain ; mais je m'habituais peu à peu à considérer comme possible mon abjuration. Sur ces entrefaites, je reçus un pli de l'autorité supérieure ecclésiastique. On m'enjoignait de me rendre au secrétariat de l'archevêché. Je ne crus pas devoir obtempérer à cet ordre, et je pensai qu'il était convenable d'exposer par écrit les raisons de mon refus.

Double bévue !

Dans ma réponse, j'exposais que, n'ayant trouvé dans la carrière ecclésiastique qu'asservissement aveugle, despotisme absolu et vexations incessantes, quoique j'eusse la conscience de valoir autant que mes confrères, j'avais pris la résolution de me soustraire à un joug intolérable, et que je renonçais à tous les avantages, prérogatives, etc., attachés au caractère dont j'étais revêtu. Je terminais en déclarant que je n'avais qu'un moyen de me dépouiller entièrement de ce caractère aux yeux de Dieu et des hommes, et que ce moyen m'ayant été suggéré par un examen réfléchi et consciencieux de la question, j'allais l'employer.

Cette lettre était à peine partie, que j'en éprouvai du regret ; non pas que je redoutasse les suites de ma déclaration hardie ; mais il me semblait que j'allais commettre un acte monstrueux, et je me sentis pris de terreur en songeant qu'il s'agissait d'abandonner la religion professée par mes pères, une religion dont j'étais le ministre depuis tant d'années. Ma conscience me reprochait de prendre cette détermination dans un intérêt de haine bien plus que sous l'influence d'une ferme conviction. Je reculais d'ailleurs devant l'éclat qu'aurait nécessairement l'acte d'abjuration d'un prêtre catholique passant au protestantisme sans provocation d'aucune sorte de la part des membres de l'église réformée, — je n'en connaissais pas un seul; — et quoique ne professant pas une grande estime pour le clergé catholique, je ne voulus pas lui infliger cette flétrissure.

— Non, m'écriai-je involontairement, jamais je ne serai apostat. En définitive, je ne fais que subir le triste sort réservé à la plupart des membres du bas clergé, et je dois imiter leur humble résignation.

IX

J'étais dans ces dispositions d'esprit lorsque je reçus une visite fort inattendue, celle de mon ancien ami le chanoine, dont je n'avais pas entendu parler depuis longtemps.

Il ne me dit pas un mot de ma lettre à l'archevêché, me parla de ma position, de la possibilité de l'améliorer, du désir qu'il avait de me rendre service ; enfin et, dans le cours de la conversation, il laissa échapper le mot de *mis-*

sions étrangères. Je saisis la balle au bond, et je lui déclarai que j'étais prêt à partir.

— Oh! me répondit-il, les choses ne vont pas ainsi, et nous aurons plus de peine que vous ne le croyez à obtenir cela pour vous. Cependant, rien ne vous convient mieux; vous avez besoin de vous faire oublier quelque temps; une fois éloigné de Paris, vos torts paraîtront moins grands, et, après quelques années de séjour hors de France, on ne se souviendra de vous que pour récompenser les services que vous aurez rendus à la religion en convertissant les idolâtres.

— Eh bien! insistez, et donnez en mon nom l'assurance qu'on aura à se louer de mon dévoûment.

— Comptez sur mon activité et mon zèle, me dit-il en me quittant.

Il ne me vint pas un instant à la pensée de lui parler de ma velléité d'abjuration. J'en rougissais tout bas, et ne demandais pas mieux que les autres l'oubliassent le plus vite possible.

Quelques jours après, un petit billet du chanoine m'arriva :

« Je suis heureux de vous annoncer, me di-
« sait-il, que vous êtes accepté pour les mis-
« sions étrangères. Vous irez passer quelques
« temps à la maison de noviciat de Paris, puis
« on vous dirigera sur le point où vous devez
« aller prêcher l'évangile.

« Adieu, je suis toujours à votre disposi-
« tion. »

Rose essaya bien de me détourner de mon projet ; mais ma résolution était irrévocablement prise, et elle dut y renoncer. Elle m'aida alors à mettre mes affaires en ordre.

J'avais une assez forte somme en argent ; elle la convertit en napoléons, les plaça dans une ceinture de cuir et me conseilla de la porter sous mes habits. Tout mon linge et toute ma garderobe furent rangés dans deux malles. Nous cachâmes le reste de mon argent et mes papiers dans le double fond de la plus petite. Rose remplit le reste avec des livres.

— Si vous m'en croyez, me dit-elle, vous ne ferez enlever cette malle que lorsque vous partirez de Paris, et vous n'emporterez à la maison des missions que la plus grande. En attendant, laissez la petite chez ma lingère ; j'en aurai soin.

J'avais confiance en elle et je la crus. Nous convînmes que je l'avertirais du jour de mon départ et qu'elle ferait porter la malle à la diligence.

Je reçus l'ordre de me rendre à la maison des missions étrangères.

En quittant Rose je voulus lui faire accepter un témoignage de ma reconnaissance. Elle le refusa avec une sincère indignation.

Je fus admirablement reçu par le directeur.

Il n'y avait pas foule de sujets, et puis, je dois le dire, j'étais bien portant, dans la force de l'âge, et j'avais un certain vernis de politesse et des manières qui contrastaient trop fortement avec celles des cinq autres prêtres destinés comme moi aux missions étrangères, pour ne pas me valoir une réception favorable.

On reçoit dans la maison où je venais d'entrer une éducation toute spéciale qui me parut sagement entendue. On s'instruit des mœurs, des usages, des préjugés des peuples chez lesquels on doit porter la foi ou la propager. On descend dans les plus minutieux détails pour mettre le missionnaire en état de ne jamais froisser les habitudes reçues ; enfin on s'occupe des langues, des sciences, etc.

Je devais me rendre dans l'Océanie, et j'étonnais mes supérieurs par la facilité avec laquelle, grâce à ma merveilleuse mémoire —

hélas! perdue aujourd'hui — je retenais toutes les instructions qu'on nous donnait.

L'intérieur de l'établissement, du reste, ressemble à celui de toutes les maisons religieuses; cependant la vie qu'on y mène n'est pas très austère. On pense avec raison que les hommes qui se consacrent aux missions apostoliques auront le temps et l'occasion de souffrir et de se mortifier.

Une chose m'étonna un peu : on avait pour moi des attentions particulières qui devaient blesser l'amour-propre de mes confrères. J'étais d'autant plus surpris de cette exception, que je savais avec quel tact le clergé évite précisément ces froissements et ménage la susceptibilité de chacun.

Le onzième jour de ma retraite, je reçus l'avis de me tenir prêt : un vaisseau en partance devait mettre à la voile au premier vent favorable. Mes préparatifs furent bientôt faits. J'éprouvais cependant un serrement de cœur dont je ne pouvais me rendre compte, car je ne tenais à rien en France. J'avais toujours eu du goût pour les voyages, et, dès mon début dans la carrière ecclésiastique, c'était en tournant mes regards vers le Nouveau-Monde que j'avais rêvé une vie selon mon cœur. C'est qu'il faut bien le dire, les manières empressées des supérieurs, après m'avoir d'abord séduit, avaient fini par exciter mes soupçons. Il y avait dans leur bienveillance je ne sais quoi d'affecté et de faux qui me déplaisait.

Deux missionnaires devaient partir avec moi. Ils n'étaient pas à la maison, et l'on attendait leur arrivée pour donner le signal du départ.

Il était environ huit heures du soir quand je fus averti, et j'eus à peine le temps d'écrire un mot à Rose, pour qu'elle me fît parvenir ma malle aussitôt que je lui indiquerais le port où je devais m'embarquer : on ne m'en avait pas encore parlé. Contrarié, d'ailleurs, de la brusquerie de ce départ, je reçus froidement l'accolade des supérieurs et des autres frères, et j'écoutai d'une oreille distraite les paroles qu'ils m'adressèrent pour m'encourager à supporter avec résignation le sort qui m'attendait dans ma nouvelle position.

Je croyais voyager par les diligences publiques : mais ce fut dans une voiture particulière que l'on m'invita à monter.

Mes deux compagnons de voyage étaient déjà installés, chacun dans un des coins. Ils m'adressèrent un salut glacial. Je pris place entre eux deux et la voiture partit.

Il est certaines organisations impressionnables qui subissent l'influence des objets extérieurs et devinent par intuition, pour ainsi dire, les dispositions de ceux qui les entourent. Sans savoir pourquoi, je me trouvais à la gêne près de mes collègues, et il me semblait me sentir pressé entre les mâchoires d'un étau. J'essayai de lier conversation. Peine inutile : on me répondait par monosyllabes.

Au dehors, la pluie tombait avec violence, le vent poussait de longs gémissements ; une espèce de secrète terreur me saisit, et je me sentis gagner par une irrésistible tristesse. Peu à peu, cependant, je m'assoupis : une rude secousse de mon voisin de gauche, sur l'épaule duquel j'avais laissé tomber ma tête, me réveilla en sursaut.

Il faisait petit jour. Le pays que nous traversions assez rapidement me parut désert. Çà et là, de longues traînées de vapeurs bleuâtres dont le soleil levant colorait le sommet s'élevaient lentement vers le ciel. Les arbres passaient devant moi comme des fantômes. Le postillon, couvert d'un grand manteau et d'une casquette de fourrure, fouettait ses chevaux, qui galoppaient au milieu d'un nuage de vapeur.

Il me semble avoir encore ce tableau sous les yeux.

Je portai mes regards sur mes deux compagnons : ils dormaient ou feignaient de dormir. Je leur trouvai de singulières figures pour des missionnaires. Celui de gauche avait la physionomie brutale et crapuleuse ; celui de droite, dont les traits prononcés et les formes athlétiques accusaient la vigueur, avait un aspect moins repoussant. Toutefois, on devinait sur cette figure endormie quelque chose d'ignoble et de bas. Mes vagues craintes me revinrent à l'esprit Je fis arrêter la voiture un instant. Mes compagnons se réveillèrent ; je ne laissai pas que d'éprouver quelque surprise lorsque je vis le plus grand descendre avec moi. Il ne remonta que le dernier, et nous continuâmes notre route.

Vers neuf heures, nous fîmes halte dans une auberge de très pauvre apparence. Nous y passâmes deux heures. Mes deux collègues ne mangèrent pas, ils dévorèrent un jambon, une omelette, que sais-je encore? et burent à l'avenant. Je me tenais à l'écart, blessé de leur manque d'égards pour moi et de leurs manières grossières ; mais ce qui me préoccupait bien davantage encore, c'est qu'ils ne me perdaient pas un instant de vue, et qu'ils s'entretenaient quelquefois à voix basse, loin de moi. Je me livrais aux suppositions les plus étranges. Le peu de paroles que je parvins à arracher à ces deux aimables personnages furent prononcées avec un accent dont la rudesse pouvait convenir à des sauvages; pour ma part, j'en goûtai médiocrement le charme, et je me tins satisfait de mes tentatives de conversation. Mon silence sembla, du reste, accommoder très fort mes confrères.

Cependant nous cheminions grand train.

Ainsi que j'eus l'occasion de le remarquer, nous faisions toujours halte et nous nous reposions de jour dans des maisons non-seulement éloignées des centres de population, mais presque absolument isolées. A l'une de nos dernières stations, le hasard me permit de voir une grosse croix de bois sous la houppelande de l'un de mes conducteurs. Les frères de la doctrine chrétienne en portaient alors de semblables.

— Est-ce qu'on envoie maintenant les ignorantins prêcher les infidèles ? me demandai-je.

Après avoir largement dîné, mes deux compagnons s'étaient endormis. Je voulus sortir : la porte était fermée ; évidemment ils en avaient pris la clé. J'étais donc prisonnier ! Cette idée m'indigna, et je demandai brusquement en vertu de quel droit on se permettait de me tenir séquestré. Le plus vigoureux des deux geôliers me regarda tout ébahi, et me répondit, en se frottant les yeux, qu'il obéissait à ses supérieurs.

— Quels sont-ils ? m'écriai-je, et que vous ont-ils commandé ?

Il resta muet et regarda son camarade. La colère s'emparait de moi.

— Vous allez me remettre cette clé, ajoutai-je, et désormais j'entends être à l'abri de votre surveillance. Je sais qui vous êtes...

— Alors, répliqua le plus petit, vous savez que nous ne faisons qu'obéir à nos supérieurs.

— Mais, encore une fois, que vous ont-ils ordonné, ces supérieurs ?

— De ne pas vous perdre de vue et de vous conduire à votre destination.

— Quelle est-elle ?

— Vous le saurez bientôt, me répondit l'autre ; imitez-nous et obéissez.

Il me vint alors à l'esprit que l'autorité supérieure ecclésiastique, connaissant l'extrême mobilité de mon esprit, s'était persuadée qu'elle ne devrait réellement croire à mon départ pour les missions étrangères que lorsque je serais embarqué, et qu'en conséquence elle avait jugé prudent de me mettre en charte privée et en surveillance jusqu'au port. Cette idée calma ma colère près d'éclater ; je haussai les épaules et je me résignai.

Il faisait nuit ; cependant on pouvait, à la clarté de la lune, distinguer les objets, lorsque nous traversâmes au grand trot une ville qu'il me semblait avoir déjà vue. Je me penchai à la portière. Mes souvenirs se réveillaient ; certainement je connaissais cette ville ; cette rivière que j'apercevais à ma gauche était bien la Mayenne...

Nous allions bon train, et déjà la voiture ne roulait plus sur les pavés des rues lorsque je reconnus le chemin qui conduit au couvent de la Trappe...

Un sentiment d'invincible effroi s'empara de mon âme ; je me levai, me jetai en avant et commandai au postillon d'arrêter. La main lourde et vigoureuse de mon compagnon de droite me rejeta sur la banquette, tandis que son camarade criait au postillon de fouetter les chevaux. Il s'engagea alors entre nous une lutte, lutte inégale, mais terrible. J'essayai d'étrangler celui dont la main de fer me maintenait sur mon siége ; mes geôliers me maîtrisèrent en s'emparant de mes bras, et, malgré des efforts surhumains, ils parvinrent à me clouer au fond de la voiture, qui roulait avec une rapidité désespérante. Vaincu, je retombai tout baigné d'une sueur froide. Si j'eusse eu un poignard, j'aurais tué mes gardiens. Enfin nous descendîmes une pente rapide, et tournant brusquement, nous nous trouvâmes en face de la communauté. Le postillon frappa à la porte ; elle s'ouvrit bientôt et se referma derrière mous.

J'étais prisonnier.

Ma fureur se ralluma, et je tentai de nouveau de m'échapper. Deux moines vinrent au secours de mes compagnons, et l'on m'emporta épuisé, haletant et sans forces dans un cachot, où je ne trouvai qu'une paillasse, une couverture et un pot rempli d'eau.

Dès que je fus seul, je courus à la porte : elle était épaisse, garnie de bandes de fer et d'une énorme serrure ; en réalité inattaquable. Je promenai mes mains sur les murailles : c'étaient partout d'énormes pierres de taille unies par un ciment aussi dur que le rocher : le sol se composait de larges dalles ; quant au plafond, je ne pus l'atteindre, même en montant debout sur ma couchette. Ainsi donc, impossibilité de forcer ma prison.

Je m'assis, le cœur plein de haine et de vengeance, et je recueillis mes idées. Tout avait été combiné avec une infernale perfidie pour me jeter dans cette prison. Le chanoine, qui m'avait montré de l'intérêt, avait-il trempé dans cette trahison? Je ne pouvais en douter. Peu à peu les faits se déroulèrent dans mon esprit, et m'aidèrent à comprendre par quelle suite d'événements j'avais fini par tomber victime d'un horrible guet-apens. Les jésuites, intéressés à me perdre avant même de m'avoir spolié, m'avaient suivi pas à pas dans ma carrière; peut-être m'avaient-ils tendu plus d'un piège? enfin, la lettre insensée que j'avais écrite au secrétariat de l'archevêché et les papiers saisis qui prouvaient mon envie de changer de culte, leur avaient fourni une arme mortelle contre moi, et ils avaient eu peu de peine à démontrer qu'il était nécessaire de me *segréger* à tout jamais.

— Eh bien, non, me dis-je, il n'en sera pas ainsi : je me dresserai seul contre ce despotique pouvoir : à tout prendre, j'aime mieux périr en luttant que dans le secret et l'obscurité d'un cachot.

J'explorai une seconde fois ma prison ; mais ce nouvel examen ne fit que me confirmer dans ma conviction première : il n'y avait pas moyen d'échapper.

Ma couchette était en bois et ses diverses parties au lieu d'être retenues par des boulons en fer, ainsi que je l'avais espéré un instant, n'étaient reliées ensemble que par des chevilles.

Mes vêtements trempés de sueur, refroidis par l'humidité du cachot, se collaient sur ma peau : le froid me saisit et me pénétra jusqu'à la moelle des os. Je m'enveloppai de la couverture du lit et tâchai de rappeler la chaleur expirante. A chaque mouvement que je faisais, j'éprouvais de vives douleurs dans les articulations, et particulièrement aux épaules et au cœur ; mais des battements continuels aux tempes me causaient des souffrances encore plus cruelles.

La nuit, nuit affreuse entre toutes celles que j'ai passées, se traînait avec une lenteur insupportable. Le son lugubre de la cloche m'avertit qu'il était deux heures du matin, et que les trappistes se rendaient à matines. A un bruit sourd qui se fit entendre au-dessus de ma tête, je supposai que je n'étais pas éloigné de l'église. Quoique je connusse l'intérieur du couvent, je ne pus me rendre compte de la situation exacte de mon cachot. Était-il sous la tribune où se placent les étrangers, à l'extrémité de l'église, ou sous l'église elle-même? C'est ce qu'il me fut impossible de deviner. Par moment, j'entendais une psalmodie lugubre dont les accents m'arrivaient par bouffées.

Des pas qui retentissaient lourdement m'avertirent que l'office était achevé. Après avoir écouté attentivement la direction du bruit, je restai convaincu que j'étais au bas de l'église. Une heure environ s'écoula, et les trappistes revinrent dire l'office de primes. Ces mouvements réguliers servaient à me marquer le temps et m'apportaient quelque distraction.

J'attendais le jour avec une impatience bien naturelle. Enfin, une petite lueur attira mes regards. A cinq pieds environ du sol s'ouvrait un étroit soupirail, qui donnait seul l'air et la lumière à ma prison. J'y courus, mais je ne vis que des murailles noires et humides, sur lesquelles croissaient d'abondantes pariétaires. L'ouverture, qui n'avait pas plus de dix-huit pouces de largeur, était garnie de deux barreaux de fer épais et fortement scellés dans le mur.

Je comptais recevoir la visite d'un gardien entre sept et huit heures du matin : c'est l'heure où les religieux, après avoir accompli leurs devoirs pieux, vaquent à leurs travaux. Or, je n'avais reçu aucune nourriture depuis la veille, et si l'on ne voulait pas me laisser mourir de faim, probablement le frère chargé du service intérieur allait m'apporter des vivres.

Je remis la couchette à sa place, je m'enveloppai de la couverture et je me recouchai. J'étais brisé ; mais les violentes douleurs de tête avaient cessé.

En m'étendant sur mon grabat, je sentis sous moi un corps dur : c'était ma ceinture qui s'était détachée et qui avait glissé de côté; je la rebouclai. Je m'aperçus en même temps que l'on ne m'avait pas enlevé mon couteau. Il était grand et fort : à l'époque où je l'avais acheté, on commençait déjà à Paris à fabriquer des couteaux-poignards. Je l'ouvris, je l'examinai, et j'éprouvai un sentiment de satisfaction féroce en voyant qu'il pourrait me servir au besoin. Je savais qu'on allait me donner la hideuse livrée de la maison : de peur qu'on ne découvrît mon arme précieuse, je la cachai dans ma paillasse, et je serrai plus fortement ma ceinture. En un instant mon plan fut formé, et je me promis de ne pas m'abandonner à ma fougue ordinaire au moment de son exécution.

Les verroux rendirent un son aigre, et deux moines encapuchonnés entrèrent dans mon cachot.

— J'ai faim, leur dis-je, et je meurs de froid.

Sans me répondre, ils déposèrent à terre une espèce de gamelle et du pain noir ; puis ils remplirent d'eau ma cruche et jetèrent un vêtement grossier sur mon lit.

Ces deux moines étaient beaucoup plus grands que moi. Il me sembla que l'un d'eux cachait sous sa robe un bâton. Ils se retirèrent silencieusement et fermèrent la porte à double tour derrière eux.

Je me jetai avec avidité sur ma nourriture : j'avais pris mon dernier repas la veille, à onze heures du matin. Ensuite, je me hâtai de changer de vêtements ; je fis un rouleau des miens et les plaçai sur mon lit pour m'en servir en guise d'oreiller.

Un peu plus tard, je reçus une seconde visite. Je demandai qu'on me rendît la malle que j'avais fait attacher derrière la voiture et qu'on me donnât une autre prison, parce que je ne pouvais supporter l'obscurité.

— Enfin, m'écriai-je, je veux savoir à quel genre de tortures on entend me soumettre.

Je ne reçus pas de réponse. Je l'avais prévu; mais j'étais sûr que mes paroles seraient rapportées au supérieur : c'était ce que je désirais.

Au lieu de me laisser abattre comme autrefois, je ne songeais qu'à trouver le moyen de me procurer la liberté ou de satisfaire ma vengeance. L'adversité m'avait aguerri.

J'examinai pour la centième fois la porte avec une scrupuleuse attention. Les gonds seuls me parurent attaquables; couverts d'une épaisse couche de rouille, ils devaient être profondément oxydés. Je me mis à l'œuvre avec mon couteau : mais je craignis bientôt de le casser, et de perdre avec lui ma dernière ressource. Je rompis ma cruche, et avec les débris je commençai à gratter les gonds : toute la rouille enlevée, ils avaient encore une grosseur trop considérable pour espérer en venir à bout. Je me tournai vers les barreaux du soupirail : la pierre était dure ; mais, après un travail de plus d'une heure, je parvins à en détacher un tout petit grain; je diminuai aussi quelque peu le volume de l'un des barreaux. Un ouvrier en eût fait autant en deux ou trois coups de limes; mais c'était déjà beaucoup pour moi d'avoir atteint même ce résultat.

A midi, on m'apporta un potage d'eau épaissie avec de la farine de gruau, du pain noir et une chopine d'eau acidulée. C'étaient les deux moines du matin qui continuaient de faire le service. Je réitérai ma demande sans obtenir un seul mot de réponse. Je me contins, mais j'observai toutes les allures, tous les mouvements de mes deux surveillants, et je vis encore la robe du plus vigoureux soulevée par une arme quelconque.

Ma résistance de la veille les avait mis sur leurs gardes, et d'ailleurs les supérieurs n'avaient-ils pas dû garder le souvenir de ma première fuite? La mémoire de ces gens-là est merveilleuse quand ils ont à se venger d'une offense.

Les deux moines n'examinèrent pas l'état de ma prison et partirent muets comme auparavant.

Je compris l'importance de me montrer résigné pour les rassurer sur les idées de lutte ouverte qu'ils pouvaient me soupçonner, tout en continuant mon travail et en épiant l'occasion de me débarrasser d'eux, fallût-il les tuer. Cette résolution était bien arrêtée ; mais je ne voulais en venir à cette extrémité qu'après avoir épuisé toutes les autres chances de salut.

Je recommençai à regratter mon soupirail. Le soir j'avais enlevé à la pierre une pincée de poussière et trois petits grains à peine gros comme une tête d'épingle. Mes doigts étaient si fatigués que je ne pus recommencer le lendemain.

L'espérance, le désir de fuir me rendirent mes forces, et j'attaquai rudement la pierre avec mon couteau.

Je venais de renoncer aux moyens violents : l'idée de verser le sang est antipathique à ma nature, et je n'ai jamais pu la garder longtemps dans mon esprit.

Le travail avançait lentement lorsque mon

couteau s'épointa. A la vue de cet instrument presque hors d'état de me servir, mon cœur se serra et je pleurai. Cependant j'essayai de refaire une pointe à mon couteau, en l'aiguisant sur des tessons de cruche ; je réussis, non sans beaucoup de temps et de peine, et je me remis de nouveau à la besogne.

Il y avait environ un demi-pouce de creusé lorsque je rencontrai une portion de pierre tellement dure que je ne pouvais plus même la réduire en poussière. J'allai me jeter sur mon grabat, épuisé et au désespoir. Un sommeil profond me ranima et me rendit l'énergie du corps et de l'esprit ; mais, comme mes poignets étaient trop douloureux pour que je pusse travailler au soupirail, je me mis à rôder autour de mon cachot, sondant toutes ses fissures. Peine inutile ! il était comme taillé dans le roc.

Je tournai mes investigations vers le pavé :

les dalles avaient une largeur énorme, et à quoi m'eût servi d'ailleurs de les soulever? par où serais-je sorti? Je pensai au plancher supérieur : il s'élevait à une douzaine de pieds de ma tête; en mettant le bois du lit contre la muraille et en montant dessus, je pouvais peut-être l'atteindre.

J'attendis pour le tenter la visite de midi.

X

Une fois le lit dressé contre le mur, je grimpe bien vite : je touchais au plancher, mais seulement du bout des doigts. A l'aide de ma paillasse, je parvins à m'élever davantage. Les planches étaient humides et un peu pourries; à chaque coup de couteau, j'en enlevais de longs filaments. J'éprouvai une si grande joie que je faillis renverser tout mon échafaudage.

J'entendis le chant des complies, il était donc six heures du soir. Mon travail marchait rapidement. Lorsque la cloche sonna la retraite, je pouvais glisser la lame du couteau de l'autre côté de la planche. Je me hâtai de descendre et de remettre les choses en état. Il était temps.

Un moine, qui venait seul pour la première fois, entra dans ma cellule : il m'apportait, par extraordinaire, un petit peu de cidre pur, Avec quelle sensualité je le bus ! Je m'en souviens encore.

Pendant la nuit, je me remis à l'ouvrage : le trou était assez grand pour que ma main pût passer. J'étais obligé de me tenir dans une position si gênante que, bon gré malgré, il me fallut interrompre mon travail, vaincu que j'étais par la fatigue physique. J'étendis ma paillasse à terre et je m'endormis profondément. Au coup de matines, je me levai, mais il me fut impossible de remonter à mon poste : les nerfs du cou et la partie inférieure de la colonne vertébrale s'étaient raidis à tel point que je me sentais incapable de me mouvoir. Je me résignai, et, pour me détendre les muscles et leur redonner de l'élasticité, je me mis à me promener dans ma petite cellule, non sans lever plus d'une fois les yeux vers cette petite ouverture faite au prix de tant de fatigue et de peine.

Un rayon de soleil qui glissa par le soupirail et vint dorer la muraille du cachot me remplit de terreur. Il fallait, coûte que coûte, boucher mon trou avant l'heure de la visite. Cette crainte me rendit pour un moment ma vigueur. Je dissimulai tant bien que mal l'ouverture pratiquée dans le plancher avec un tampon de paille. Si mon geôlier, me disais-je, découvre ma tentative, je suis perdu.

Quand il entra, mon visage était si décomposé, mes traits lui semblèrent si altérés qu'il sortit brusquement, et revint quelques instants après avec un frère qui me prit la main en silence, me tâta le pouls et ensuite se retira.

Une demi-heure après environ, on me fit sortir de mon cachot, et l'on me conduisit dans un lieu plus aéré qui prenait jour sur la rivière. J'y trouvai un lit avec un matelas, un traversin, des draps et une bonne couverture.

J'étais dans l'infirmerie réservée.

Je m'en réjouis d'abord ; mais, en pensant que non-seulement je perdais le fruit d'un long et pénible travail, mais qu'encore, d'un instant à l'autre, on pouvait découvrir mon effraction, ma satisfaction diminua singulièrement. Elle se changea en tristesse, lorsque je vis un frère s'installer à l'autre extrémité de la pièce, de manière à ne pas me perdre de vue une minute.

Il faut avoir passé huit jours dans un cachot humide, couché sur une maigre paillasse, pour comprendre la sensation délicieuse que j'éprou vai en me glissant entre deux draps grossiers, il est vrai, mais bien blancs et tout parfumés d'une fraîche odeur de lessive. J'oubliai un instant toutes mes inquiétudes pour savourer cette volupté, puis je m'endormis.

A mon réveil, le docteur en capuchon était debout auprès de mon lit. Il lui était permis de parler. Je compris à ses questions qu'il avait craint pour moi le délire et peut-être la folie. La réclusion solitaire doit en effet aboutir à ce résultat, si l'espoir prochain de la liberté ne permet pas à l'esprit de s'arracher à la contemplation absorbante de l'isolement absolu. Du reste, il me vint une idée singulière à la suite de la courte conversation du moine médecin. Je résolus de feindre la démence et d'essayer d'en tirer parti pour m'échapper.

Dès que le docteur fut parti, je commençai à réciter des psaumes d'un ton bas et saccadé, puis, élevant peu à peu la voix, je me pris à psalmodier. Je descendis de mon lit et je me prosternai devant le crucifix en priant Dieu, dans la sincérité de mon âme, de me venir en aide. Le frère surveillant quitta l'ouvrage d'osier dont il s'occupait et vint m'observer en silence. Il m'indiqua mon lit du doigt. Je le regardai d'un air hébêté. Il refit le même geste, et comme pour la troisième fois je ne voulais pas le comprendre, il accompagna son ordre muet d'un coup de la discipline qu'il portait suspendue à son côté. Je fus tenté de lui sauter à la figure ; mais je ne voulais pas donner à ma feinte aliénation un caractère dangereux. Je gagnai mon lit où je continuai de réciter mes psaumes, mais à voix basse. Je ne perdais pas de vue mon gardien, qui, de son côté, jetait les yeux sur moi. Satisfait en somme de cette tentative, quoique je ne goûtasse guère les coups de discipline du vigoureux moine, je fis semblant de dormir pour mieux combiner mon plan.

Lorsque le docteur revint, il me trouva le pouls fort agité, les nerfs agacés et la langue en mauvais état. Il s'entretint une minute avec le gardien : il vint ensuite se placer devant moi et arrêta ses yeux sur les miens. Cet examen me troubla réellement et me fut cependant utile.

— Qu'avez-vous éprouvé ? me demanda-t-il en me regardant toujours fixément.

— J'ai vu l'ange Gabriel, répondis-je, et je l'ai remercié de m'avoir annoncé que je sortirais du cachot.

Ses yeux investigateurs me gênaient étrangement. Il ajouta :

— Vous avez vu l'ange Gabriel dans votre cachot ?

— Il y venait tous les soirs depuis trois jours.

Le docteur ferma les yeux pour réfléchir.

— Il vous disait... ?

— Que j'étais bien heureux parce que je

pleurais, et que je serais consolé... Ici Satan m'a frappé, il ne voulait pas me laisser prier Dieu.

Il me prit une seconde fois le bras, tâta mon pouls, et se retira.

Le gardien me regardait de côté ; il me savait sans doute mauvais gré de l'épithète de Satan. Je descendis de nouveau de mon lit ; il se leva.

— *Vade retrò Satanas!* m'écriai-je en simulant l'effroi.

Et je sautai dans mon lit où je m'enveloppai de ma couverture. Il commençait à me croire sérieusement en délire, car il ne fit pas usage de sa discipline.

A midi je pris un bouillon gras dans lequel flottaient quelques morceaux de pain blanc. Je vidai le vase avec délices : mais j'avais encore faim, et je demandai d'autre nourriture. Quelques instants après, on m'apporta une toute petite tranche de veau bouilli et un peu de pain.

Pour ne pas être indiscret, je ne voulus pas réclamer un supplément de nourriture, quoique j'eusse pu manger dix fois davantage.

Le médecin ne revint qu'à huit heures du soir. Je lui dis d'un ton fort sérieux que j'avais deviné le système du monde, et je le priai de s'asseoir pour que je puisse le lui expliquer.

Bref, je jouai si bien mon rôle que je trompai tout le monde, à commencer par le docteur; mais, cela ne me servait à rien. Au contraire, il me fit passer dans une autre infirmerie dont les fenêtres grillées m'enlevaient tout espoir de m'évader. J'eus là sous les yeux le spectacle d'un véritable insensé, du genre le plus pacifique, au surplus. Durant toute la nuit, il s'entretint avec une femme qu'il nommait Louise, lui récita des vers, lui lut des lettres écrites d'un style fort tendre.

Pour comble de malheur, nous eûmes deux gardiens.

Pour rester dans l'esprit de mon rôle, et occuper mon insomnie, j'entrepris de sermonner mon camarade et de lui représenter le danger des liaisons de cœur. Il s'anima, s'échauffa, et finit par me menacer du poing. Je ne sais par quelle méchante inspiration je persistai à le contrarier. Il s'élança sur moi en deux ou trois bonds, et me prit au cou. Les gardiens accoururent, et, malgré ses efforts, le reconduisirent à son lit, où ils lui mirent la camisole de force. Je me repentis alors du mal que j'avais involontairement causé à ce pauvre malheureux, et je me tus. Comme il continuait de crier et de faire les descriptions les plus scandaleuses des plaisirs de l'amour, on finit par le bâillonner, et je pus enfin dormir.

En me taisant le lendemain, je craignais d'éveiller les soupçons. Je recommençai donc à psalmodier, mais la menace du terrible bâillon m'imposa bien vite silence. Je m'habillai et j'allai me mettre à genoux en face de la fenêtre.

Ah ! que le ciel me parut beau, quoiqu'il fût couvert de nuages. Quel éclat, quel charme je trouvais à toute la nature ! Je me sentis saisi d'une impression si profonde, que j'élevai les mains vers le ciel et me mis à pleurer. Les sanglots soulevaient ma poitrine, et je finis par éclater... Les gardiens ne paraissaient occupés que du soin de m'éloigner du lit du pauvre fou amoureux. Lorsque le docteur entra, j'étais encore en contemplation. Il me toucha légèrement l'épaule et me demanda ce que je voyais. J'oubliai mon masque.

— Je vois, répondis-je en étendant la main vers la campagne, la nature que Dieu a faite pour l'homme et qu'il a semé de tant de beautés dont je ne puis jouir.

Il me regarda fixément et me demanda d'un

ton d'intérêt si je voulais être sage. Je le lui promis les larmes aux yeux. Il me prit par la main et me conduisit dans le jardin.

Mon Dieu ! que je fus heureux quand mes pieds foulèrent l'herbe, quand ma main effleura les plantes, quand la senteur de la végétation vint embaumer mon odorat. Durant quelques minutes, je ne vécus que par les sens. Revenu à la conscience de ma position, je sentis se réveiller en moi l'instinct de la liberté ; mais je compris l'impossibilité de me la procurer en ce moment. Nous rentrâmes, et je jetai un long et triste regard en arrière.

Il paraît que ma douceur et ma soumission avaient gagné le docteur. Il me replaça dans ma première chambre, me donna des livres et du papier.

Que Dieu le récompense du bien qu'il me fit !

Je voulais être libre, à quelque prix que ce

fût. Cependant, depuis les bons traitements du médecin, j'avais renoncé aux moyens violents. La vue de la discipline du gardien, en me rappelant un châtiment que je n'aurais souffert en aucune autre circonstance, chassa mes sentiments pacifiques.

Ma nourriture devint plus abondante, plus substantielle ; enfin, je pus satisfaire mon appétit.

Je priai, le soir, le docteur de me faire rendre ma malle. Il alla consulter le supérieur, et bientôt on me l'apporta et on me la remit après l'avoir visitée en ma présence. Je témoignai une joie d'enfant en la voyant rentrer en ma possession. Rose avait placé au fond mon habit de laïc : je songeai aussitôt à en profiter le jour de ma fuite. Tout en donnant quelques signes de folie, j'arrangeais en paquet des chemises, des mouchoirs et des bas, afin d'avoir sous la main tout ce que je voulais emporter lorsque je m'évaderais.

Je pris ensuite du papier et je feignis de dessiner d'abord l'appartement, puis la croisée. Enfin je me hasardai à ouvrir la fenêtre, comme pour dessiner aussi le paysage.

Le gardien me surveillait ; mais, voyant que je ne songeais qu'à retracer ce que j'avais sous les yeux, il reprit son travail manuel. Cependant, j'examinais les lieux environnants, la hauteur de la fenêtre, et je formais mon projet de fuite. Lorsque je me crus suffisamment renseigné, je refermai la fenêtre, et j'allai m'asseoir tranquillement à ma table. Ce mouvement spontané parut rassurer complètement mon argus.

J'aurais bien voulu causer un instant avec lui pour en avoir la certitude ; mais tirez donc une parole d'un trappiste !...

Je demandai et j'obtins, toujours par l'entre

mise du moine qui remplissait les fonctions de médecin, l'autorisation d'assister aux offices. J'espérais aussi avoir une chambre particulière sans surveillant. Cette dernière faveur ne me fut pas accordée. Lorsque je me rendis à matines, à deux heures du matin, un moine m'accompagna et revint me confiner dans mon infirmerie. Il en fut de même pour l'office de primes. On ne me conduisit pas au chapitre, et l'on ne m'imposa pas d'autre travail que celui de mon gardien ; mais je ne sortais pas de ma chambre et je restais toujours sous clé. Entre huit et neuf heures, j'allais assister à tierces, à la messe et aux exercices qui la suivent.

Mon surveillant me gênait tous les jours davantage. Une nourriture plus abondante avait ranimé mon courage en augmentant mes forces. Mon indignation croissait, et je ne combattais plus l'idée d'une lutte à main armée.

— La liberté me vient de Dieu, me disais-je ; en l'aliénant sans prévoir les conséquences de ce sacrifice, je n'ai pas eu l'intention de me livrer pieds et poings liés aux caprices d'un pouvoir oppresseur. Je n'entends pas me soumettre à une juridiction qui condamne sans entendre, qui frappe à l'improviste et dans l'ombre, et qui réduit à néant les droits naturels et la dignité humaine.

Sous l'empire de ces réflexions, ma tête fermenta si bien que je me décidai à tenter de m'évader la nuit-même, déterminé que j'étais à ne reculer devant aucun obstacle.

Dépourvu d'armes, car mon couteau n'avait plus qu'un pouce et demi de lame, je m'en créai une à l'instar du terrible fléau dont se servent quelquefois nos marins Bretons. Je renfermai et je nouai dans mon mouchoir un caillou rond à peu près de la grosseur du poing.

J'avais ramassé un bout de corde que je

voulais attacher à mes draps, et je m'étais emparé de trois ou quatre morceaux de fer dont mon gardien se servait pour confectionner ses paniers.

Vers le soir, je me plaignis d'une grande lassitude et je commençai à déraisonner. Je me mis au lit, et une fois enfermé sous les rideaux, je me débarrassai de mon froc et je me couvris de mes habits de laïc sur lesquels je repassai le lourd accoutrement du trappiste.

J'avais espéré que mon surveillant, confiant dans ma douceur habituelle, me laisserait seul pour aller aux exercices religieux. Je fus trompé dans mon attente. Cela m'indisposa contre lui.

Nous étions encore aux plus longs jours de l'été. J'attendis le coucher de huit heures. Le frère se jeta sur son grabat, tout habillé. Je me levai doucement et m'approchai de lui : il dormait profondément. Sa discipline, que je rencontrai sous ma main, était suspendue à l'un des ais du lit. Je la pris : elle pouvait me servir ; puis, me jetant brusquement sur lui, je l'enroulai dans sa couverture et le menaçai de le poignarder s'il faisait le moindre bruit. Il tenta de se débarrasser. Je lui assénai sur la tête un coup de ma pierre, et voyant qu'il ne remuait plus, j'achevai de le garrotter avec tout ce qui me tomba sous la main. Quand je crus m'être bien assuré de lui, j'approchai mon oreille de sa bouche : il respirait fortement. Je passai ma main sous le capuchon ; il n'y avait pas de sang : je l'avais donc seulement étourdi. Cette conviction soulagea mon âme d'un poids énorme : je craignais de l'avoir assommé.

En un instant je fus à la fenêtre ; j'attachai mes draps et je me glissai le long de ce fragile support, après avoir jeté à l'avance mon paquet dans la cour. J'arrivai à terre sans accident, mais là mes terreurs redoublèrent.

Il paraît que le gardien s'était débarrassé de la couverture et avait pu donner l'alarme, car j'entendis le tintement de la cloche comme si elle eût sonné pour un incendie. Cela dura peu ; des lumières brillèrent derrière les fenêtres. Je sentis que je n'aurais pas le temps avant qu'on arrivât, d'escalader un mur élevé. Je me jetai ventre à terre, dans une encoignure de la muraille : une porte s'ouvrit. Deux moines, ensuite trois autres, se dirigèrent vers ma croisée.

Avec une présence d'esprit dont je ne me serais pas cru capable en pareille occurrence, je me traînai vers la porte qu'ils avaient laissée ouverte derrière eux ; je la refermai doucement en dedans, et je me mis à parcourir, en me glissant le long de la muraille, le corridor dans lequel j'étais entré. Plusieurs moines passèrent à côté de moi sans me voir. Le son de la cloche les avait réveillés ; mais tous ne savaient pas encore de quoi il s'agissait.

Au bout du corridor, je me heurtai contre les marches, puis je m'engageai dans un autre couloir qui n'avait pas d'issue. En revenant sur mes pas, je trouvai à gauche un escalier; je le descendis avec précaution. J'étais à la dernière marche, lorsqu'une lumière brilla à quelques pas de moi. Je me glissai sous l'escalier dans une épouvantable anxiété. La direction de la lumière me donna lieu de croire qu'il y avait deux issues, et je me dirigeai vers l'endroit d'où était sorti le moine.

Mon effroi était grand ; cependant, je tenais toujours mon paquet de la main gauche et mon mouchoir armé du caillou dans la droite, bien résolu à assommer le premier moine qui s'opposerait à mon passage.

Le chemin que je suivis me conduisit dans un vaste appartement, où je respirai un air plus humide, mais plus libre ; j'étais dans l'église. Le bruit que j'entendis derrière moi m'empêcha de rétrograder. Je gagnai l'autel, et là, comme ces condamnés qui trouvaient un refuge dans les temples, je me tapis entre la muraille et la pierre qui formait l'autel.

L'asile n'était rien moins que sûr, mais je n'avais pas le choix : déjà les moines entraient dans l'église pour chanter matines.

Je n'essaierai pas de peindre ma frayeur lorsque j'entendis le bruit des pas des frères venant prendre leurs places et lorsque je vis une partie de l'église s'éclairer à la lueur des lampes. L'office me semblait d'une longueur interminable ; enfin les moines sortirent silencieux comme des fantômes et disparurent l'un après l'autre dans l'ombre des corridors. L'église resta solitaire.

Je connaissais assez la disposition des lieux pour savoir que si je parvenais à m'introduire dans la tribune réservée aux étrangers, il me deviendrait probablement aisé de m'échapper.

En forçant la serrure qui fermait la porte du petit escalier particulier de la tribune je pouvais en effet descendre dans la cour d'entrée et de là fuir par le jardin ou surprendre le frère portier. Mais il fallait se hâter pour n'être pas surpris par les trappistes, que l'office de primes allait ramener dans l'église.

Par un heureux hasard, je trouvai le passage qui conduit à la tribune ouvert, et je n'eus à forcer qu'une seule porte ; j'y employai toute ma vigueur, et bientôt je me trouvai dans la cour extérieure du couvent. Je m'arrêtai : la nuit était profonde ; j'entendais près de moi, au delà du logement du portier, le murmure de l'eau. Il se fit quelque bruit dans l'intérieur de la maison ; je courus à la porte qui donnait sur la rivière ; elle était fermée et de force à résister à mes attaques.

J'allais essayer d'escalader le mur lorsqu'une lumière brilla dans la cour. Je cherchai à tâtons un coin où me refugier; une petite lucarne s'ouvrait sur la partie la plus basse du toit ; j'y grimpai, et je me trouvai dans un grenier. Une fois la porte close, je me crus presque en sûreté et je pus respirer.

Tous les bruits avaient cessé, et le grondement sourd de l'écluse parvenait seul à mon oreille. La cloche sonna plusieurs fois, mais je ne m'en inquiétai pas : elle indiquait l'heure des offices. Enfin le jour parut. Il ne m'était plus possible de m'évader avant la nuit.

La perspective d'une journée entière passée sans manger m'effraya peu. Je soulevai légèrement une ardoise, et je me mis en observation. On fit partir successivement deux moines, sans doute pour me poursuivre.

Le grenier qui me servait de gîte ne contenait autre chose que des sacs de légumes secs amoncelés dans un coin. Je n'osai me coucher dessus, quelque besoin que j'eusse de repos. Je m'étendis derrière, sur le plancher, mais je ne pus m'endormir. J'employai ce temps à combiner mes moyens d'évasion.

Oh! que les heures de la journée s'écoulèrent lentement! Enfin, vers cinq heures, tourmenté d'une soif que le murmure de l'eau irritait encore; fatigué d'ailleurs de la position gênante dans laquelle je me tenais depuis le matin, je me hasardai à enlever une ardoise du côté de la rivière, puis une seconde, une troisième. Enfin je vis cette eau si désirée, dont j'aurais payé chaque goutte d'une goutte de mon sang. Je détachai doucement les lattes qui supportaient les ardoises, et je pratiquai dans la toiture une ouverture assez grande pour me livrer passage.

L'habitation des portiers occupait la portion des bâtimens la plus avancée sur la rivière.

La nuit vint. Je savais qu'à une certaine heure le frère concierge allait dans l'intérieur du couvent. Dès que je l'entendis sortir, j'otai ma chaussure pour ne pas glisser sur les ardoises et je me hissai vers mon trou. Deux gros arbres avançaient leurs branches jusque vers le milieu du toît, j'en saisis une que j'avais remarquée pendant le jour, et je me laissai entraîner. Mon poids la fit ployer et j'arrivai à terre sans accident.

Je restai quelques minutes comme étourdi ; je ne pouvais croire à mon bonheur ; enfin je pris ma course vers la grand'route en bondissant sur les cailloux.

Un petit ruisseau traversait le chemin. Jamais les vins les plus exquis ne chatouillèrent plus agréablement mon palais que cette eau fraiche et limpide qui servit à étancher ma soif dévorante. Je repris ma marche et j'arrivai en face d'une auberge. Après une lutte de quelques minutes, la faim parla plus haut que la raison, et j'entrai en affectant un air d'assurance. Je me fis servir dans un appartement séparé. Je mangeai très vite ; je voulais atteindre la ville avant que la nuit fût écoulée.

Un charretier que je rencontrai entama la conversation. — Il est utile de rappeler que j'avais laissé mon froc au couvent, et que je portais des habits bourgeois. — Il me demanda en riant si je savais la grande nouvelle, et là-dessus il m'apprit que depuis huit jours deux trappistes s'étaient échappés, le premier était un moine de Laval, le second un misérable prêtre qui avait tué un moine avant de partir.

— Mais son signalement a été donné à la police, ajouta-t-il, et j'espère bien le voir juger aux assises.

L'obscurité cacha heureusement mon trouble. Je laissai continuer le charretier, et lorsqu'il eut achevé, je lui demandai quelques détails sur le frère assassiné.

— Il n'est pas encore mort, me répondit-il,

quoiqu'il ait reçu de fameux coups de marteau sur la tête.

J'ai appris depuis qu'il en avait été quitte pour un étourdissement passager. L'épaisseur du capuchon avait amorti la violence du coup : j'en remercie Dieu du fond de mon cœur.

Je m'arrêtai à la même hôtellerie que mon compagnon de route. Pour ne pas être obligé de sortir le lendemain et pour rendre vraisemblable mon séjour à l'auberge, je me mis à écrire, en prétextant une correspondance pressée. Je faisais large dépense : on n'examina pas ma conduite de près.

Une lettre adressée à Rose lui apprenait en termes intelligibles pour elle seulement ce qui m'était arrivé. Je la priai de m'adresser ma malle à Rennes, sous le nom de Kermarec. Le soir, je me rendis chez le bon chirurgien qui m'avait rendu un si grand service à l'époque de ma première fuite; il habitait la campagne.

Il me fallait un passeport pour voyager par la diligence : je n'en avais pas. Je pris le parti de louer un cheval; j'achetai une limousine de roulier, et, ainsi accoutré, je me mis en route pour Rennes au point du jour. Deux fois je rencontrai des gendarmes; mais ils ne m'adressèrent aucune question.

Enfin j'arrivai à Rennes sain et sauf : j'étais sauvé.

XI

Je me présentai à l'hôtel comme un voyageur arrivant de Basse-Bretagne, et je me fis inscrire sous le nom de Kermarec. Après avoir pris un peu de repos, j'envoyai un commissionnaire chez la femme du charpentier que j'avais eu le bonheur de soulager autrefois. Il finit, non sans peine, par la trouver et me l'amena. L'étonnement de cette brave femme, en me reconnaissant, fut extrême. Elle m'inspirait une certaine confiance, et je lui avouai que je courais quelques dangers.

— Venez à la maison, me dit-elle, vous y serez plus en sûreté qu'ici. Ne craignez pas de nous gêner : nous sommes à notre aise à présent.

Je prévins le maître de l'auberge qu'il devait m'arriver une malle de Paris, et je le priai de la recevoir et de la garder, jusqu'à ce que je l'envoyasse chercher ; puis, je suivis ma nouvelle hôtesse. Lorsque je fus installé dans une petite chambre qui avait vue sur un jardin, je m'informai de Mathilde. Voici en somme le résumé du prolixe récit de la femme du charpentier.

La bonne demoiselle, — c'est ainsi qu'elle la nommait, — la bonne demoiselle avait vu mourir son protecteur. Un notaire de la ville, que ce digne vieillard avait désigné comme son exécuteur testamentaire, déclara que Mathilde était sa seule et unique héritière, au grand désappointement des cousins et neveux, qui étaient accourus pour prendre part à la curée. Il se forma une ligue contre la pauvre jeune femme absorbée dans sa douleur. Elle se trouva seule en butte aux méchancetés d'héritiers irrités et vindicatifs. Tracassée, harcelée de toute part, sa raison avait semblé faiblir. Le notaire, homme probe, mais ignorant des souffrances morales, ne pouvait lui venir en aide : il avait sauvé sa fortune, il était incapable de guérir son âme. Il lui fallait des consolations et des soins.

Ce fut à cette époque précisément qu'Yvonne arriva. La raison de Mathilde se raffermit ; elle reprit un peu de calme ; mais, dans son désir de venir en aide aux malheureux, elle s'était mise en rapport avec quelques pieuses dames de charité, et ensuite avec plusieurs ecclésiastiques. Mal lui en prit. L'un d'eux s'attacha à lui inspirer l'envie d'entrer au couvent, et il prit un tel ascendant sur cette pauvre âme désolée, qu'elle se jeta dans une dévotion outrée.

Sur ces entrefaites, mourut mon excellente Yvonne.

Tant qu'elle avait vécu, elle avait défendu de toutes ses forces Mathilde contre les séductions de ce prêtre, qui n'était autre que le misérable Matelin. Yvonne morte, le champ resta libre à l'intrigant.

— J'étais, ajouta mon hôtesse, attachée à la maison de la demoiselle qui avait toujours été si bonne pour moi. Je voyais ce qui se passait avec bien du chagrin, car je prévoyais que mademoiselle Mathilde allait se laisser enterrer dans quelque couvent. Je fis part de mes craintes à l'homme de loi. Il vint la voir quelquefois, trouva ses charités trop considérables, et voulut réformer tout cela ; mais dans les derniers temps la bonne demoiselle, soufflée par son confesseur, le reçut si mal qu'il finit par ne plus venir. Je ne savais plus à quel saint me vouer, et je songeais moi-même à me retirer, car le prêtre avait mis dans la maison des domestiques de son choix sous la direction d'une vieille dévote qui prépare les testaments dans toutes les maisons où elle est placée. Elle me molestait, mais elle n'osait pas demander à notre demoiselle de me renvoyer. Un matin, un étranger assez âgé, que je reconnus pour un Anglais, à son langage, vint demander à parler à la maîtresse de la maison. Mademoiselle Mathilde était seule lorsque je le fis entrer. Je restais ordinairement dans sa chambre, excepté quand l'abbé Matelin y venait. Elle me fit donc signe de ne pas sortir. L'étranger la salua, s'assit en face d'elle et la regarda sans rien dire. Mademoiselle rougit. Depuis que le prêtre la gouvernait elle était devenue d'une grande ti-

timidité. Cependant l'Anglais continuait de la regarder en silence et augmentait son embarras. Par hasard le portrait de la mère de mademoiselle Mathilde se trouvait presque en face de lui ; il se leva vivement et s'approcha de la muraille. Ce mouvement brusque nous fit tourner la tête ; à l'instant où Mademoiselle levait les yeux sur l'étranger elle rencontra les siens, il lui indiqua le portrait du doigt et lui dit :

— Le portrait de votre mère ?..

— Oui, répondit mademoiselle Mathilde en fondant en larmes.

L'Anglais s'avança vers elle, et lui prenant la main :

— Elle était ma sœur, dit-il.

Mademoiselle poussa un cri et s'évanouit. Avant que j'arrivasse il la prit dans ses bras et la posa sur un canapé ; ensuite il se mit à genoux devant elle et lui fit respirer un flacon qui lui rendit sa connaissance.

— Mon enfant, dit-il alors d'une voix douce, votre famille vous attend.

— Ah ! je ne suis donc plus seule, je ne suis plus abandonnée ? répondit mademoiselle, qui pleurait de joie. Son oncle l'embrassa, lui serra les mains :

— Non, plus seule ! La fille de ma sœur a désormais une famille.

Je me retirai pour les laisser plus libres. Je rencontrai M. l'abbé Matelin sur l'escalier, et je le priai de ne pas déranger ma maîtresse, qui était avec son oncle.

— Comment, son oncle ? répéta-t-il en pâlissant ; mais ses parents sont en Angleterre.

— C'est justement ça ; il arrive d'Angleterre.

Il ne répondit rien, et il s'en fut la tête

basse. La sonnette me rappela bientôt chez mademoiselle.

— Envoyez, me dit-elle, à l'hôtel de la Corne-de-Cerf, et qu'on ramène ici les deux personnes dont voici les noms.

J'y allai moi-même, et je conduisis chez nous un grand jeune homme et une jolie demoiselle. C'étaient les enfants du vieillard et les cousins de mademoiselle Mathilde. Ils furent embrassés, caressés, et ma maîtresse pleura abondamment, mais je voyais qu'elle ne souffrait plus. Je m'occupais des apprêts du dîner et de faire mettre en ordre les appartements, lorsque je vis revenir encore l'abbé Matelin. Il me tourmenta tellement pour parler à ma maîtresse, que je pris le parti d'aller le lui annoncer. Elle pâlit visiblement ; et ensuite, se tournant vers son oncle, elle lui demanda la permission de causer avec son confesseur. L'Anglais fit signe qu'oui ; mademoiselle passa dans son oratoire, et je me tins à la porte. Le prêtre parla haut et longtemps. Je ne cherchais pas à écouter; mais il me semblait qu'il répétait souvent ces mots : « Le salut de votre âme. » Du reste, je ne sais si mademoiselle répondait : je n'entendais pas sa voix. Quand l'abbé se retira, il était tout agité; il s'arrêta pour chuchotter tout bas avec la dévote sa confidente, et je crus qu'il n'en finirait pas. Mademoiselle Mathilde avait bien quelque peu l'air triste; mais ça ne dura pas et, une fois au milieu de ses nombreux parents, elle fut plus gaie que je ne l'avais jamais vue auparavant. Pendant le dîner, elle demanda à son oncle comment il avait appris le lieu qu'elle habitait et son isolement. L'Anglais tira une lettre de sa poche et la lui présenta. A peine eut-elle jeté les yeux sur l'adresse que ses mains tremblèrent. Elle ouvrit la lettre bien vite, et elle n'avait pas fini de lire que de grosses larmes tombèrent sur le papier.

— Oh! s'écria-t-elle, je ne pouvais croire qu'il m'eût oublié! Mon oncle, je vous prie de me laisser cette lettre; elle a été écrite par la seule personne qui se soit réellement intéressée à moi depuis ma cruelle perte...

— Enfin, demandai-je, que résulta-t-il de tout cela?

— Eh bien! ma maîtresse, me répondit la femme du charpentier, refusa le lendemain d'entendre son directeur; elle renvoya ses domestiques et en prit d'autres. Les biens furent vendus. Le vieil homme de loi revint à la maison et régla tout pour que ma maîtresse ne pût être dépouillée en Angleterre, car il était très soupçonneux; et peu de temps après, toute la famille partit. La bonne demoiselle me laissa cette maison, ce jardin et une petite somme d'argent. Voilà pourquoi nous nous trouvons actuellement dans une position si heureuse.

— Et l'abbé Matelin?

— Il remua ciel et terre pour empêcher ce départ. Il se désespérait de voir une âme si chrétienne se retirer dans une famille de protestants. Mais il en fut pour ses criailleries et pour une donation de moins.

Ce dénoûment me causa le plus vif plaisir, et je chassai bien vite quelques pensées égoïstes, pour ne plus songer qu'au bonheur que me devait Mathilde d'avoir retrouvé une famille chérie.

— Puisque vous êtes si embarrassé, me dit mon hôtesse, vous devriez, vous aussi, passer en Angleterre. Vous avez de l'éducation ; la famille de mademoiselle vous appuierait, et vous pourriez vivre là-bas plus tranquillement qu'ici.

Je ne répondis rien et me mis à réfléchir. Le conseil était sage. C'était, en effet, le seul parti que j'eusse à prendre ; mais je n'avais pas autant de confiance que la brave femme dans les ressources que je pourrais tirer de mon instruction. D'ailleurs, ma dignité se révoltait à l'idée de demander l'appui de Mathilde.

Le lendemain, vêtu en bourgeois, je me dirigeai vers le Mail, promenade assez peu fréquentée, mais peuplée pour moi de souvenirs.

A cette heure, je me retrouvais seul, malade, proscrit, presque sans ressources, aux mêmes lieux où, quelques années auparavant, je m'étais vu aimé, recherché, entouré de prévenances, plein de jeunesse, de santé et d'amour. Triste contraste !

Impuissant à soutenir plus longtemps le poids de ces pensées douloureuses, je sortis précipitamment du Mail, et je me mis à marcher tout droit devant moi, sans but, et comme une machine mue par un ressort. Tout à coup, la porte d'une église se présenta à mes regards. Par habitude, j'y entrai. A peine avais-je jeté les yeux autour de moi que je reconnus la chapelle du couvent où j'avais célébré la messe le jour où je vis Marguerite pour la dernière fois. Un sanglot brisa ma poitrine. Les adieux déchirants, une tombe, tout le triste passé m'apparut. Cette nouvelle émotion était trop forte pour mon âme épuisée : je tombai sur les dalles de l'église. Je ne sais ce qui se passa ensuite ; mais quand je revins à moi je me trouvai dans une petite pièce voisine de la loge de la tourière. Deux religieuses se tenaient debout et en silence près de moi : l'une était vieille; l'autre, grave et sévère, me paraissait encore jeune.

— Monsieur, me demanda-t-elle, ne vous nommez-vous pas Daniel, ancien prêtre de ce diocèse?

A cette question inattendue, je levai brusquement la tête, et je regardai la religieuse avec une sorte de stupeur.

— Veillez, ma sœur, à ce que personne n'entre ici, dit-elle à la vieille.

A peine celle-ci eut-elle dépassé le seuil de la porte que la religieuse, dépouillant sa gravité, me dit à voix basse :

— Malheureux ! que venez-vous faire ici ? C'est moi qui eus la faiblesse de vous introduire, il y a plusieurs années, dans la communauté, pour le malheur d'une de nos sœurs... Vous avez été reconnu par son frère.

— Matelin !... m'écriai-je.

— Silence ! me dit la religieuse. Il paraît que vous êtes poursuivi pour un meurtre commis à la Trappe. Sauvez-vous, car M. Matelin va vous livrer à la justice ; je connais sa haine contre vous.

La vieille religieuse rentra ; celle qui me parlait lui dit quelques mots à l'oreille, et elle sortit encore.

— Ah ! mon Dieu ! que devenir ? demandai-je avec désespoir.

— Suivez la rue qui conduit dans la campagne, et ne reparaissez pas à Rennes. Je vous le répète, l'abbé Matelin sait que vous êtes ici.

— Mais qu'est donc cet homme?

— Il est, il est...

Elle hésitait...

— Il est jésuite. Nous lui devons le trouble de notre communauté, dont il est le directeur. Par lui ou par les siens, il est partout, il voit tout, et sa puissance ne s'exerce que pour faire du mal. Fuyez-le.

La vieille sœur revint.

— Vous pouvez vous retirer, me dit la bonne religieuse avec un ton d'intérêt, mais suivez mon conseil.

Je sortis plein d'une nouvelle inquiétude, et je me dirigeai à grands pas vers la campagne; puis, par des rues détournées, je revins chez mon hôtesse, à laquelle je racontai mon aventure. Son mari était présent.

— Ce Matelin est un vrai démon en chair et

en os, me dit-il. Restez ici ; je vais envoyer Auguste — c'était le nom de son fils aîné — là où il faut aller pour apprendre les nouvelles du jour. Si la police est en campagne, il le saura bientôt.

Ma position s'aggravait, et mon esprit était livré à d'étranges perplexités. Je craignais de compromettre mes hôtes. Ils me rassurèrent en me déclarant qu'ils ne souffriraient pas que je les quittasse tant que mon horizon serait aussi chargé de nuages et que je n'aurais pas pris définitivement un parti.

L'enfant revint : il n'avait rien appris, sinon que l'abbé Matelin venait de partir pour l'évêché.

En dépit de l'avis de la bonne religieuse, cette journée et les jours qui la suivirent se passèrent sans fâcheux accident. Au bout de la semaine, j'envoyai demander à mon ancien hôtel si ma malle était arrivée, et je fus tout surpris d'apprendre qu'une jeune personne y était descendue et attendait depuis la veille M. Kermarec. Je soupçonnai sur-le-champ que c'était Rose; je ne me trompais pas. Le soir, elle vint me retrouver avec le fils de mes hôtes, et aussitôt que ces bonnes gens surent qui elle était, ils l'installèrent dans leur maison. J'interrogeai Rose.

— Quand j'ai reçu votre lettre, me dit-elle, je me défiais déjà de quelques manigances. Plusieurs fois j'avais été demander de vos nouvelles à la maison des missions, et on m'avait toujours répondu en l'air. Aussi j'ai compris tout de suite ce que vous m'écriviez, et je n'ai pas été surprise. Mais, me suis-je dit, il est peut-être en danger là-bas; je peux vivre partout en travaillant, moi, je vais aller voir s'il a besoin de moi, et je suis venue.

Telle était Rose. Sous des apparences légères, elle cachait un caractère énergique un cœur affectueux et dévoué.

L'inventaire de mes effets et de mon argent me prouva sa scrupuleuse probité ; elle n'avait pas même touché à ma bourse pour ses frais de voyage.

J'avais à ma disposition cinq mille francs environ. Si j'eusse pu me créer une industrie qui m'eût permis de passer le reste de ma vie avec la généreuse famille à laquelle je devais l'hospitalité, j'aurais accepté volontiers un sort pareil ; mais je n'étais pas sans inquiétudes. Les paroles de la religieuse me revenaient sans cesse à l'esprit ; d'ailleurs, ne devais-je pas savoir ce dont le Matelin était capable ?

Cependant, une quinzaine s'était écoulée assez paisiblement ; je ne sortais guère qu'à la nuit tombante, accompagné d'Auguste et de Rose, et nous ne marchions jamais sans être armés. J'étais décidé à passer en Angleterre ;

mais il me fallait un passeport : la chose était difficile.

Pendant que je mettais mon esprit à la torture pour trouver le moyen de me procurer ce précieux talisman dont ne manquent jamais les banqueroutiers, un évènement que j'aurais dû prévoir vint mettre un terme à mes incertitudes, et m'obliger à prendre, bon gré, mal gré, un parti.

Le fils de mon hôte, que Rose tenait toujours en haleine pour qu'il veillât à ma sûreté, avait remarqué beaucoup d'allées et venues parmi les agents de police. Enfin, un matin, il nous avertit qu'il venait d'en voir un sortir de l'évêché.

— Voici le moment de vous tenir sur vos gardes, me dit le charpentier ; il faut être prêt à fuir au premier signal.

— Mais où aller sans passeport ? lui demandai-je.

— J'ai bien un cousin à la Roche-Bernard, me répondit-il, qui pourrait vous être utile. Attendez, je vais vous donner une lettre pour lui. Vous irez là comme parent de ma femme, et puis après ma foi nous verrons.

La lettre fut écrite, et je la mis dans ma poche à tout hasard. La journée s'avançait, et nous pensions être encore une fois quittes pour la peur, lorsqu'Auguste, qui se tenait aux aguets, nous fit un signe convenu : la police approchait. Je me jetai derrière un amas de pièces de bois placées presque à la porte de la maison, et j'attendis. Deux hommes entrèrent et exhibèrent un mandat d'amener lancé contre l'étranger qu'hébergeait le charpentier depuis bientôt un mois.

— Il est dans son appartement, répondit mon hôte froidement; allez l'y chercher.

En même temps, il se leva avec lenteur, et conduisit les agents à la porte du jardin; il l'ouvrit, leur montra de la main ma chambre, située dans un corps de logis séparé.

A peine furent-ils sortis que je passai une blouse sur mes habits, je me couvris la tête d'une casquette de cuir, et je m'échappai par une porte latérale qui donnait sur une allée. Un autre agent se tenait en dehors de la maison, et causait avec mon hôtesse; il surveillait l'entrée principale, et ne me remarqua pas. Je profitai d'ailleurs d'un moment où il me tournait le dos, et j'eus bien vite gagné le coin de la rue. Je traversai rapidement le faubourg, mais sans montrer cependant trop d'empressement, et je fus bientôt dans la campagne.

A près d'une lieue de la ville, je m'arrêtai dans un petit cabaret où il avait été convenu d'avance que j'attendrais des nouvelles. J'avais pris une chambre donnant sur la route, et je me tenais près de la fenêtre, lorsque j'aperçus Auguste qui s'avançait en gamin, lançant des pierres sur les arbres et sautant les fossés.

— Eh ! mon petit ami, lui criai-je, veux-tu me faire une commission à Rennes ?

Il monta dans ma chambre.

— Eh bien ! lui demandai-je tout bas.

— Eh bien ! ils ont été obligés d'enfoncer votre porte, et quand ils ont vu que la chambre était vide, ils ont tourmenté mon père pour qu'il leur dît où vous vous cachiez. Il leur a répondu bonnement que vous deviez partir dans la journée pour Fougères ; qu'il ne vous avait point vu à déjeûner, et qu'alors il avait supposé que vous étiez encore dans votre chambre ; mais que sans doute vous aviez décampé avant le jour. Ils n'étaient pas trop contents. Enfin ils ont filé et me voilà.

— Et Rose ?

— Oh ! mademoiselle Rose voulait venir, mais mon père l'en a empêchée. Je dois vous conduire sur la route de Pont-Reau ce soir ; il y a là un fermier qui vous logera jusqu'à ce que vous partiez pour Redon.

Auguste me quitta et reprit en apparence le chemin de Rennes ; il devait m'attendre dans un petit bois voisin de la route. A la nuit tombante, j'allai rejoindre mon jeune guide et nous gagnâmes par de longs détours, et à travers champs, la ferme dont il m'avait parlé. Quelle ne fut pas ma surprise d'y trouver Rose !

Elle m'apportait des provisions, ma ceinture de cuir et un assez gros paquet d'habits. Elle me remit aussi mon couteau poignard, une canne à épée et deux petits pistolets.

— Partez cette nuit si vous pouvez, me dit-elle. Ce sont les prêtres qui vous poursuivent : c'est pire que la police.

Le fermier tenait un cheval prêt. On avait fait accroire à ce brave homme, jadis chouan, que j'étais un noble poursuivi par le gouvernement, et, grâce à ce titre, je pouvais compter sur sa discrétion.

Au moment du départ je m'attendris.

— Allons, me dit Rose en s'essuyant les yeux du revers de la main, il faut du courage.

Je jetai ma limousine sur mon dos, j'enfourchai mon bidet et je pris le chemin que j'avais suivi tant de fois dans mon enfance pour aller chez M. Pointel. Chaque pas me rapprochait du lieu où mes premières années s'étaient écoulées, sinon dans le bonheur, du moins dans une douce quiétude dont, hélas! je n'avais plus joui depuis. Mes pensées étaient bien tristes. Rien n'est plus propre, d'ailleurs, à assombrir l'âme qu'un voyage de nuit dans les chemins de Bretagne. On traverse sans cesse ces landes interminables, sur la surface desquelles on ne découvre, à la clarté de la lune, qu'une petite vapeur bleuâtre semblable aux vagues de la mer par un temps calme.

Cependant, au lieu de me laisser abattre comme je l'aurais fait autrefois, je me raidis contre ma mauvaise fortune et je résolus, si j'atteignais enfin un lieu de refuge, d'en appeler à la publicité et de citer un jour mes persécuteurs devant le tribunal de l'opinion publique.

Je tiens aujourd'hui ma promesse!...

La lune montait dans un ciel d'un bleu pur et transparent. Le bruit des pas de mon cheval n'éveillait nul écho dans ces plaines rases; j'avançais comme une ombre au milieu du silence. Je repassai ma vie dans ma mémoire. Que de douloureux souvenirs! Pilote inexpérimenté, j'avais lancé ma barque au milieu des écueils, et plus d'une fois déjà elle avait fait naufrage. Où allait-elle maintenant? je n'en savais rien.

L'aveugle hasard, qui m'avait toujours conduit, semblait encore la diriger. Pourquoi n'avais-je jamais eu la force de vouloir? pourquoi m'étais-je sans cesse abandonné au premier souffle du vent?...

Je faisais ces réflexions à l'entrée du bourg où, il y avait déjà bien des années, je m'étais assis à table à côté du taciturne Matelin, alors que jeune et plein d'espérances je quittais le séminaire pour la première fois.

Je cherchai l'auberge : elle n'existait plus. Celle qui la remplaçait appartenait à une vieille femme bavarde. Je ne demandais pas mieux que de la laisser causer, et elle s'en donna à cœur joie : tout le pays, ce pays que je connaissais si bien, fut passé en revue. Je prenais un singulier plaisir à entendre ce langage un peu traînant que j'avais parlé dans mon enfance. Enfin, je m'oubliai si bien, qu'au lieu de me remettre en route je finis par coucher à l'auberge et je m'endormis si profondément qu'il était grand jour quand je me réveillai.

Je mettais le pied à l'étrier lorsque j'entendis le bruit des roues d'un cabriolet lancé au grand trot. Dans ma situation tout m'était un sujet d'inquiétude; je me retournai et j'aperçus deux jeunes gens montés dans la voiture et fouettant le cheval à l'envi l'un de l'autre. Je m'arrêtai tout ébahi en voyant les deux voyageurs sauter tout à coup à terre et accourir vers moi.

C'étaient Auguste et Rose déguisée en homme.

— Qu'est-ce que cela signifie? m'écriai-je.

— Ma foi, me répondit Rose d'un ton décidé, quand vous avez été parti, la maison m'a paru vide, et me voilà.

Je pris un ton sérieux et je lui adressai les plus sages représentations.

— Allons, allons, répliqua-t-elle d'un air malin, je n'irai pas avec vous au-delà de l'eau, si ça vous contrarie trop ; mais je veux vous voir bien et dûment embarqué ; puis je retournerai à Rennes attendre de vos nouvelles.

Il n'y avait pas moyen de la dissuader, et, comme toujours, je cédai. Auguste monta mon cheval, et je pris place à côté de Rose dans le cabriolet.

Le voyage se faisait assez gaîment ; cependant le ciel était couvert et sombre, et je ne me sentais rien moins que rassuré ; mais l'intarissable babil de ma compagne ne me laissait pas le temps de réfléchir. Nous rencontrâmes deux gendarmes qui suivaient la route de Rennes.

— Eh bien ! mon garçon, s'écria Rose en s'adressant tout haut à Auguste qui trottait à côté de nous, puisque le séminaire ne te convient pas, nous allons te mettre à la charrue. Tu apprendras un métier, et tu sentiras la différence qu'il y a manger du pain noir à la sueur de ton front ou de bon pain blanc en chantant des *oremus.*

Les gendarmes sourirent et nous rendirent en passant notre salut.

C'était en vérité fort honnête à eux.

—Q u'aurions-nous fait, demandai-je à Rose, s'ils nous eussent demandé nos passeports?

Elle souleva sa blouse, et me montra la crosse de deux pistolets.

— Voilà mes papiers, me dit-elle ; vous avez les vôtres, cela suffit.

Avec une pareille compagne, je pouvais bien me tirer d'un mauvais pas, mais pour tomber dans un pire. Il y avait de quoi réfléchir.

— Tiens, s'écria tout-à-coup Rose, en voici un calotin !

En effet, un prêtre cheminait à une centaine de pas en avant de nous.

Malgré moi j'éprouvai le sentiment de l'esprit de corps, et j'imposai silence à Rose. A dix pas, le prêtre se retourna et jeta un regard sur notre cabriolet, un regard que je traduisis ainsi : « Que vous êtes heureux de voyager à votre aise ! » J'arrêtai le cheval, et sans consulter Rose, je proposai à mon collègue de prendre place à côté de nous.

— Je ne refuse pas, me dit-il en mettant son tricorne à la main ; j'ai encore quelques lieues à faire, et je me sens fatigué.

C'était un homme d'une trentaine d'années, criblé de petite vérole, laid, mais l'œil doux et triste. Je devinai qu'un malheur pesait sur sa tête.

— Monsieur, lui dis-je, quand il fut établi à côté de nous, vous paraissez souffrant ; vous avez eu tort de vous mettre en route à pied.

— Je n'y ai pas songé, me répondit-il. Je suis parti hier soir de Rennes. J'ai marché toute la nuit... j'avais hâte d'arriver.

— Vous avez peut-être été condamné à un changement de résidence?

— Non, non : à une suspension illimitée,

avec menace de quelque chose de pis si je ne m'améliore pas. Cela me sera difficile, car ce n'est pas moi qui devrais m'améliorer, mais plutôt mes espions et mes ennemis.

Ce pauvre homme avait besoin d'épancher son cœur. Je l'écoutai avec une affectueuse sympathie. Son histoire était la mienne : c'était encore une pauvre victime du despotisme qui pèse sur nous tous.

Combien comme lui souffrent et n'osent se plaindre tout haut ! Oh ! quand donc une voix éloquente réclamera-t-elle l'affranchissement du bas clergé?

Notre compagnon nous quitta bientôt en nous adressant mille actions de grâces.

Le reste du voyage s'acheva sans nouveaux incidents.

XII

Le parent de mon hôte de Rennes nous reçut à bras ouverts. Je ne me pressai pas, cependant, de lui dévoiler mes projets avant de le mieux connaître. J'avais raison d'être prudent. Mon nouvel hôte était franc et loyal, mais dévoué aux prêtres et aux légitimistes. Rose le devina avant moi et traça son plan en conséquence. Elle fit comprendre à demi-mot que j'avais été compromis dans les dernières petites chouanneries du Maine et de l'Anjou, et qu'il s'en était suivi une condamnation à laquelle je voulais échapper en me réfugiant en Angleterre.

Ces insinuations me grandirent aux yeux du vieux chouan. Je ne fus plus pour lui un hôte, mais un frère. Il voulut mc présènter au curé. Je craignais de retrouver une ancienne connaissance et je déclinai cet honneur, sous prétexte que je pourrais compromettre cet ecclésiastique.

— Bast ! me dit le bonhomme, nous sommes presque tous blancs ici, et les buveurs de sang n'y lèvent pas trop haut la tête.

Cependant, je résistai, et, toujours pour le même motif, je ne consentis pas à ce qu'on s'adressât au curé pour me procurer un passeport. Si j'eusse été proscrit par la loi civile, j'aurais pu me fier à lui ; il eût tout fait pour me soustraire à la vindicte des lois ; mais j'étais frappé de l'anathème clérical, et il m'eut vendu et livré sans hésitation.

Je n'exagère point. Que le lecteur daigne se rappeler avec quelle facilité les grands criminels appartenant au clergé sont presque toujours parvenus à échapper aux poursuites des tribunaux.....

Lors de la pacification des provinces de l'Ouest, après la première révolution, les chouans qui habitaient le littoral, habitués à une vie de pillage et en relations depuis longues années avec l'Angleterre, se livraient presque tous à la contrebande. Le blocus continental, sous l'empire, ne leur avait pas fait perdre cette habitude, au contraire. Les enfants élevés à l'école des pères suivaient leurs traces, et immédiatement après leur première communion, un rosaire au cou, ils se lançaient dans les hasards de cette périlleuse mais lucrative industrie. Mon hôte avait certainement des relations avec les contrebandiers. Lorsque je lui parlai d'user de ce moyen pour m'échapper, il me répondit qu'il y avait bien pensé, mais qu'il le trouvait très dangereux à cause de la surveillance de jour en jour plus active des douaniers.

— Cependant, ajouta-t-il, si, en désespoir de cause, vous voulez le tenter, vous n'avez qu'à parler. Je vous mettrai aujourd'hui même en rapport avec le plus intrépide contrebandier du pays; vous verrez alors ce que vous avez à faire.

Ce que j'avais à faire était de m'enfuir au plus vite. En effet, mon hôte, qui avait ses entrées libres au presbytère et qui jouissait, en sa qualité d'ancien chouan, de la confiance du curé, nous avait raconté que le recteur avait appris, par un sien ami employé à l'évêché, qu'un prêtre du pays déjà chassé pour cause d'inconduite, évadé pour la seconde fois de la

Trappe après avoir presque égorgé un frère, était signalé comme se cachant dans le diocèse. Avis avait été donné aux curés et desservants de ne pas lui donner asile, et de le livrer, si faire se pouvait, à l'autorité ecclésiastique.

Je ne riais que du bout des dents en écoutant les commentaires goguenards dont mon hôte accompagnait ce récit, et je sentais la nécessité de mettre la mer entre ma personne et mes charitables confrères en religion.

Le jour suivant, un homme trapu et taillé en force, la tête large et carrée, la figure presque entièrement couverte par une épaisse barbe noire, vint me trouver. Nous fûmes bientôt d'accord. Moyennant un louis, il se chargeait de me jeter à bord d'un contrebandier, avec lequel je traiterais à l'amiable, et dans la nuit même je toucherais les côtes d'Angleterre, si le vent était bon. Je fis mes préparatifs en conséquence, et ne pris que mon argent et les effets indispensables; le contrebandier ne pouvant se charger de mes autres bagages.

Une fois le marché conclu, je pressai tellement mon départ, que l'on convint qu'il aurait lieu dans les vingt-quatre heures.

J'avais toujours été si malheureux, qu'il me semblait impossible que mon entreprise s'achevât sans quelque nouvelle catastrophe.

Mes pressentiments m'ont rarement trompé.

Le lendemain, nous descendîmes la rivière comme pour aller pêcher : la pêche était le métier apparent de Guillen, le contrebandier avec lequel j'avais traité. Rose et notre hôte voulurent m'accompagner; ils devaient revenir le long de la côte aussitôt que je serais embarqué, ce qui ne pouvait se faire que de nuit. Nous abordâmes dans une petite anse encadrée par d'immenses rocs de granit; et pendant que mon hôte et Guillen pêchaient, Rose et moi restâmes tapis dans le creux d'un rocher.

Nous causions peu ; les dangers qui me menaçaient, l'incertitude de l'avenir, occupaient notre esprit.

Le retour des pêcheurs vint donner un autre cours à nos pensées : l'heure arrivait de nous séparer. Ce fut un moment bien triste. J'avais pour Rose l'affection d'un père, et l'on sait quel dévoûment était le sien.

— Allons, il faut vous en retourner à la ville, dit Guillen à nos compagnons ; voici le soir qui arrive... et l'on peut avoir de mauvaises rencontres, ajouta-t-il en souriant d'un air singulier.

Rose s'approcha de moi, m'embrassa en comprimant un sanglot, et suivit lentement notre hôte.

Le contrebandier et moi, couverts chacun d'une peau de chèvre, nous nous étendîmes sur la mousse, les yeux tournés vers la mer.

Il faisait déjà sombre. Tout à coup Guillen,

qui fumait tranquillement sa pipe, se tourna du côté par lequel Rose et son conducteur s'étaient éloignés; il pencha la tête et sembla écouter attentivement. Le bruissement des vagues m'avait jeté dans une espèce de somnolence; le mouvement du contrebandier me tira de ma torpeur. Je lui demandai s'il entendait quelque chose.

— Silence! me dit-il.

Au même instant il tira de sa poche un instrument de cuir qu'il déploya et dont il fit un vaste entonnoir; il en appliqua l'extrémité à son oreille et écouta encore.

— Les douaniers sont en campagne, me dit-il froidement. Nous ne passerons pas ce soir s'ils mettent leurs coquilles à la mer. Venez.

Nous descendîmes sur la grève. Il se courba de façon à raser les flots de son regard. L'obscurité était profonde autour de nous; mais tous ceux qui ont vu la mer savent que même pendant la nuit elle se détache en clair sur la masse sombre des rochers et des terres.

— Rien encore, murmura Guillen... Ah ! ah ! s'écria-t il après quelques minutes d'observation, les voici qui arrivent dans l'ombre de la côte. Donnez-moi un coup de main.

Il prit le câble qui amarrait sa barque et l'attira avec mon aide ; elle était remplie de petits barils d'eau-de-vie. En un clin d'œil il assura le chargement ; puis nous pesâmes sur un bout de la barque, qui se remplit d'eau et s'enfonça. Guillen descendit dans la mer et attacha le bout du câble à un pieux que couvrait la lame. Cela fait, il me guida, par un sentier raide et difficile, de l'autre côté de l'anse, prit un fagot de bois sec disposé sur un rocher qui s'avançait sur la mer, le divisa par moitié et y mit le feu. — Il avertissait, me dit-il, « ses correspondants » de ne pas approcher. — Nous nous glissâmes ensuite le long d'un autre sentier plus rude et plus malaisé que le premier. Arrivés à un endroit abrité, le contrebandier s'arrêta, prit une lunette de nuit et la promena sur la côte.

— Voyez, me dit-il, en me la passant.

Je cherchai quelque temps et je découvris enfin un point noir qui paraissait par moment sur le sommet des vagues. Nous allions reprendre notre marche lorsque Guillen posa une main sur mon bras en me montrant de l'autre, à notre gauche, un point élevé qu'éclairait la flamme du fagot. Je crus distinguer un homme et voir briller entre ses mains le canon d'un fusil.

Le contrebandier portait à sa ceinture deux longs pistolets et à sa main un bâton ferré. J'étais moi-même armé de deux pistolets.

— Couchons-nous là, me dit Guillen.

Il y avait à peine une minute que nous étions étendus sur le sol, lorsque nous entendîmes une détonation.

— C'est un coup de pistolet, s'écria le contrebandier. Le vieux n'a pourtant pas d'armes. Votre compagnon en a-t-il?

Cette question fit refluer le sang à mon cœur : je me rappelai que Rose était toujours armée.

— Oui, répondis-je en me levant avec vivacité, allons à leur secours...

Je n'avais pas achevé que deux autres coups de feu retentirent.

— Voilà les carabines des douaniers qui parlent ; allons, s'écria Guillen...

Le chemin ne me paraissait plus difficile; j'avais retrouvé ma légèreté de jeune homme, et je devançais mon guide.

— Holà! holà! me dit-il à voix basse; ne gâtons pas nos affaires. Vous êtes trop pressé, que diable!

Il se servit de nouveau de son cornet. Je bouillais d'impatience. Après avoir écouté, il reprit :

— Il paraît qu'ils ont perdu la piste. Le vieux renard leur a donné de là besogne, tout douaniers qu'ils sont... Suivez-moi, mais tâchez de ne pas faire tant de bruit avec vos souliers sur les rochers. On vous entend à un mille.

Mon impatience était à son comble. Je tremblais pour les jours de Rose, et je voulais sauver cette généreuse fille au risque de ma vie. Du lieu où nous nous trouvions, nous dominions au loin : nous grimpâmes encore, et une fois que nous eûmes atteint le haut des rochers, Guillen s'arrêta. Nous avions marché dans la direction du bruit, mais je ne voyais rien.

— Ils sont là dans un creux, me dit-il en se penchant à mon oreille. Prenez à droite et moi je tourne à gauche. Les nôtres ne peuvent être que sur les côtés. Si je les rencontre, je pousserai un cri de hibou. A dix pas d'ici vous trouverez un fossé couvert de bruyères, descendez dedans et allez, en rampant, jusqu'au premier châtaignier. Attendez-moi là.

Il se jeta à terre et disparut. Quant à moi je ne tardai pas à rencontrer le fossé, et je me mis à le suivre. Le cœur me battait avec violence. Un murmure de voix arriva à mes oreilles. Je mis la tête hors du fossé et j'écoutai : évidemment on venait vers moi. Je me laissai glisser un peu plus bas et me cachai sous une bruyère épaisse. J'aperçus alors quatre ou cinq douaniers qui avançaient en causant. A quelques mots qu'ils échangèrent, je compris qu'ils n'avaient arrêté personne et qu'un douanier était blessé.

A dix pas de moi, le chef commanda à un de ses hommes de descendre dans le fossé et de le parcourir dans toute sa longueur. Deux autres emportèrent le blessé, et je crois que le dernier douanier prit sur la gauche. A l'instant même j'entendis du côté du châtaignier un léger bruit comme celui d'un corps qui se traîne avec précaution. Ce n'était pas le douanier, puisqu'il descendait dans le fossé à une certaine distance au-dessous de ma cachette. Je m'effaçai contre la terre, et, sans penser à me servir de mes armes, j'attendis. Le bruit mystérieux cessa ; mais, derrière moi, le douanier chargeait son fusil.

Je me glissai vers le châtaignier, dont je voyais les rameaux assez proches.

J'avais à peine avancé de quelques pas quand j'entendis le craquement d'une arme à feu mise en état de tirer. Je retrouvai tout mon sang-froid ; je m'appuyai sur le coude gauche, et je tirai de ma poche un pistolet, que j'armai lentement. Quelque chose remuait devant moi ; je levai mon arme à la hauteur de mon visage et j'ajustai... Je ne sais quel pressentiment me retint, car je ne songeais plus que la détonation allait me trahir près du douanier. Je laissai tomber mon bras, et j'examinai avec plus d'attention : un homme venait au-devant de moi, en rampant ; je sentais son souffle, il allait me toucher.

— Qui va là ? m'écriai-je, en maîtrisant l'éclat de ma voix...

Une main musculeuse me saisit à la gorge.

— Qui êtes-vous ? me demanda-t-on à l'oreille, mais sans me lâcher.

Je reconnus aussitôt mon hôte, qui me reconnut aussi.

— Qui vive ? cria le douanier.

Mon compagnon rebroussant chemin m'entraîna vivement jusqu'au châtaignier, où je trouvai Rose. Elle avait été blessée au bras gauche.

Nous nous hâtâmes de gagner le bout du fossé. Une haie très forte le fermait.

Tandis que Rose faisait quelques pas dans la plaine pour trouver une issue, je m'arrêtai pour écouter les pas du douanier qui s'avançait rapidement vers nous. Tout à coup il interrompit sa course et je vis briller une longue traînée de flamme ; la balle siffla à mon oreille dans la direction de Rose. Je lâchai la détente de mon pistolet et j'entendis le bruit d'un corps qui tombait lourdement à terre puis celui d'un fusil roulant sur des pierres. Je courus vers Rose : elle n'avait pas été touchée, mais elle restait embarrassée dans les ronces. Mon compagnon et moi lui ouvrîmes un passage et nous nous mîmes à fuir droit devant nous. Rose avait saisi mon bras gauche et je sentais qu'elle marchait avec peine.

— Vous souffrez de votre blessure ? lui demandai-je en courant.

— Ce n'est rien, me répondit-elle, mais je perds beaucoup de sang.

Mon hôte entendit le piétinement d'un cheval dans un champ voisin ; il franchit la haie et nous l'amena. Je jetai ma peau de chèvre sur son dos et nous y plaçâmes Rose, que soutenait notre compagnon. J'étais à l'arrière-garde. Un moment après il nous sembla qu'on nous suivait, puis deux ou trois cris de hibous se succédèrent.

— Guillen! s'écria mon hôte, nous sommes sauvés.

— Pas de cheval, nous dit le contrebandier en nous rejoignant.

— Mais nous avons un blessé!..

— Ne peut-il marcher? demanda-t-il.

Rose répondit en se laissant glisser à terre.

— Bien, bien, et en avant.

Il frappa quelques coups sur la croupe du cheval, qui reprit la route de son pâturage.

Nous suivions un chemin profondément encaissé entre les terres. Les rameaux des arbres le couvraient comme un berceau. Mon hôte et moi fîmes asseoir Rose sur nos mains entrelacées, et nous suivîmes Guillen, qui marchait à notre tête. Nous entrâmes dans un champ, puis nous redescendîmes dans un chemin plus large.

— Halte! dit alors le contrebandier.

Une petite maison couverte en chaume était devant nous. La porte s'ouvrit à un signal de Guillen. Il n'y avait pas de lumière. Nous traversâmes deux pièces dans l'obscurité; on dérangea de la paille et nous fûmes introduits dans un endroit frais comme une cave. Guillen battit le briquet et nous pûmes enfin nous voir. Ma première pensée fut pour Rose. Le mouchoir qui entourait son bras était sanglant, des gouttes de sang coulaient le long de sa manche et avaient taché ses vêtements. Elle était très pâle et j'éprouvai une vive frayeur.

— Rassurez-vous, me dit-elle, voyez, je puis remuer ma main.

En effet, les chairs avaient seules été entamées par un coup de baïonnette. On pansa la blessure, et mon hôte m'affirma qu'elle ne présentait aucun danger.

Nous étions dans un caveau creusé dans la terre glaise, et adossé à la maison. C'était là que Guillen cachait ses marchandises et se réfugiait au besoin. Notre hôte partit immédiatement pour la ville ; il voulait m'emmener avec lui ; mais je refusai de quitter Rose. Guillen le suivit et nous laissa des provisions ; il ne devait venir nous chercher que la nuit suivante.

Lorsque nous nous trouvâmes seuls, Rose me raconta qu'en nous quittant ils avaient été rencontrés par un douanier. Celui-ci, après de nombreuses questions, avait voulu les fouiller et les conduire à son chef. Notre hôte s'était fâché et l'avait repoussé rudement. De là, une lutte dans laquelle Rose, qui voulait forcer le passage barré par le douanier, avait reçu un coup de baïonnette. C'est alors qu'elle avait tiré son pistolet. Au bruit du coup, plusieurs autres douaniers étaient accourus, et avaient fait feu sur les fugitifs, mais sans les atteindre. Mon hôte avait pris le chemin de la lande; et, se sentant poursuivis, ils s'étaient jetés dans le fossé où je les avais rencontrés.

Notre hôte revint seul le lendemain. Il nous apprit que l'un des douaniers avait été blessé à l'épaule droite et l'autre au cou. Guillen était arrêté, et lui-même l'eût été s'il n'eût prouvé qu'il avait couché chez lui. Du reste, il espérait que Guillen se tirerait d'affaire en fournissant, lui aussi, la preuve d'un alibi. La situation de Rose et la mienne étaient moins rassurantes. On ne savait qui nous étions; mais le contrebandier avait avoué qu'il nous avait conduits dans sa barque et déposés sur le rivage. Tous les soupçons planaient donc sur nos têtes. Le curé, persuadé, grâce à mon hôte, que nous étions des carlistes poursuivis par la police, nous envoyait une lettre pour un de ses confrères, qui devait faciliter notre fuite par Saint-Malo; car l'éveil était donné, et il fallait renoncer à tenter le passage sur la côte.

Nous partîmes au commencement de la nuit, et, le lendemain, au point du jour, nous arrivâmes en vue d'un petit bourg, sur la rive gauche de la Vilaine. Le guide alla porter la lettre au curé, qui vint peu après lui-même au-devant de nous.

Je craignais de trouver en lui une ancienne connaissance du séminaire; par bonheur mes craintes ne furent point justifiées : il était très jeune et n'était entré dans les ordres que longtemps après moi. Il nous fournit un nouveau guide, et nous nous remîmes en route à travers les landes.

Rose portait encore son bras en écharpe quoique la blessure fût presque cicatrisée. Le caractère insouciant de cette singulière fille ne se démentit pas un instant. Je lui dus la force de supporter mes épreuves, et, pour ainsi dire, l'onbli de ma critique situation. Ses rapports avec moi étaient ceux d'une fille qui aime son père, mais qui prend volontiers le gouvernement en main. Je ne crois pas qu'une mauvaise pensée soit jamais entrée dans nos cœurs. Nous éprouvions l'un pour l'autre le plus pur attachement.

Notre pérégrination nocturne nous rapprochait de Rennes. Je conseillai à Rose de retourner chez nos anciens hôtes. Cette proposition la rendit rêveuse. Elle me répondit qu'elle y consentirait, mais seulement quand je serais en lieu de sûreté.

— Tenez, ajouta-t-elle, je sens bien qu'il faudra nous séparer. Nous ne sommes pas riches : je travaillerai ; vous, de votre côté, tâchez d'acquérir l'indépendance, et un jour, peut-être, nous pourrons nous réunir et vivre en paix.

Notre nouvel hôte était un homme d'une quarantaine d'années. Je le reconnus aussitôt : il avait été mon condisciple. Cette découverte me jeta dans une étrange perplexité. Je me rassurai bientôt : les années, mes tribulations, mon séjour à Paris, m'avaient tellement changé, qu'il était difficile de reconnaître en moi le petit protégé d'Yvonne : l'œil d'un Matelin pouvait seul ne pas s'y tromper.

L'accueil du recteur Ta..... fut glacial ; cependant, après avoir lu nos lettres de recommandation, il devint plus aimable. Mais il eut l'indiscrétion de nous demander notre histoire. Je ne m'attendais pas à cette question ; la présence d'esprit de Rose vint à mon secours, et elle fit au curé une réponse qui parut le satisfaire.

— Ah ! je comprends, dit-il. Vous venez de la Mayenne ; cependant, je croyais M. de P..... en Italie avec son neveu.

Un gentilhomme Breton de ce nom avait pris part en effet aux mouvements insurrectionnéls de l'Ouest, et s'était vu obligé de s'enfuir en Italie avec son neveu pour échapper à une condamnation à mort.

Je n'essayai pas de tirer le curé de sa méprise, et bien je fis; car, immédiatement, il mit à notre disposition tout son presbytère.

Nous étions encore à table, lorsqu'on vint avertir le recteur qu'une voiture avait versé dans un fossé, et que les voyageurs demandaient l'hospitalité. Mon confrère s'empressa de sortir pour aller au-devant d'eux.

Les étrangers étaient des Anglais catholiques appartenant à la haute aristocratie. Probablement, le recteur leur avait déjà confié qu'il avait chez lui deux personnages poursuivis par le geuvernement nouveau à cause de leurs opinions monarchiques et religieuses; car, en entrant, ils nous serrèrent cordialement la main. Le plus âgé était père d'un tout petit jeune homme de quinze à seize ans, avec lequel il parcourait la Bretagne dans un simple but de curiosité.

J'eus occasion de m'entretenir longuement avec le vieil Anglais. Le hasard voulut que ma conversation lui plût ; et, après m'avoir donné à entendre qu'il connaissait les embarras de ma situation, il me proposa de me charger de l'éducation de son fils. J'acceptai avec joie : c'était une planche de salut que la Providence jetait en ma faveur sur l'abîme.

Rose, prévenue de ce qui venait de se passer, partagea d'abord ma satisfaction ; puis ses yeux devinrent humides.

— Je vais donc retourner à Rennes, me dit-elle ; mais j'espère bien que nous nous retrouverons. Je suis habituée à vivre avec vous, et je n'accepte la séparation qu'avec l'espérance qu'un avenir meilleur nous permettra de nous réunir.

Il me fallait un passeport. Le curé me le procura. Je l'avais averti que Rose allait retourner dans sa famille, où elle pourrait vivre sans inquiétude, sa jeunesse la mettant à l'abri des poursuites. Nous passâmes le reste de la journée au presbytère. Le soir, j'allai trouver Rose. Elle était accoudée sur sa fenêtre, et paraissait plongée dans de profondes réflexions.

— C'est donc demain qu'il faut nous séparer ? me dit-elle, en me prenant la main.

— Oui, ma chère enfant, lui répondis-je en cachant une larme, il le faut.

— Tenez, ajouta-t-elle, si je ne craignais qu'on ne découvrît mon sexe, je vous accomp gnerais. Mais je le sens, ce ne serait pas sage. Adieu donc. Ecrivez-moi souvent.

Je voulus lui faire accepter la moitié de l'or que je portais à ma ceinture ; elle me montra ses doigts et me dit en souriant :

— Merci, je suis plus riche que vous.

Elle avait raison.

Nous passâmes quelques heures à causer de nos projets d'avenir. Mais nous étions graves et tristes. L'idée d'une séparation peut-être éternelle nous serrait le cœur.

Le lendemain, après avoir adressé nos adieux et nos sincères remerciements au recteur, nous montâmes dans la voiture de l'Anglais et prîmes la route de Rennes. A cause de moi, on ne s'y arrêta que pour relayer. Rose nous avait quitté à Pontreau.

Arrivés à Saint-Malo, nous nous embarquâmes pour Guernesey.

Là, enfin, je pouvais me croire et j'étais en effet sauvé.

Les évènements qui se sont succédé depuis cette époque, sont trop rapprochés du moment où j'écris, pour que je puisse, sans de grands inconvénients, les publier. J'arrête donc ici mes Mémoires. Le reste paraîtra peut-être après ma mort, peut-être jamais. Qu'importe! j'ai accompli l'œuvre que j'avais rêvée. J'ai raconté les évènements de ma vie, j'ai montré ce qu'était le prêtre au milieu de la société actuelle, en lutte à la fois avec ses instincts, ses passions et les intérêts de tous. Je me suis peint tel que j'étais, et quelque jugement que l'on porte sur moi, du moins me tiendra-t-on cempte, je l'espère, de ma franchise. C'est tout l'éloge que j'ambitionne, car avant tout : *Cela est un livre de bonne foi.*

FIN.

www.ingramcontent.com/pod-product-compliance
Ingram Content Group UK Ltd.
Pitfield, Milton Keynes, MK11 3LW, UK
UKHW012152240726
13966UKWH00002B/289

9 782012 843165